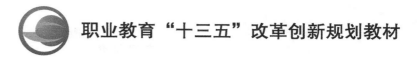

职业教育"十三五"改革创新规划教材

U0367893

汽车维护与保养

康建青 孟革 刘恒辉 主编

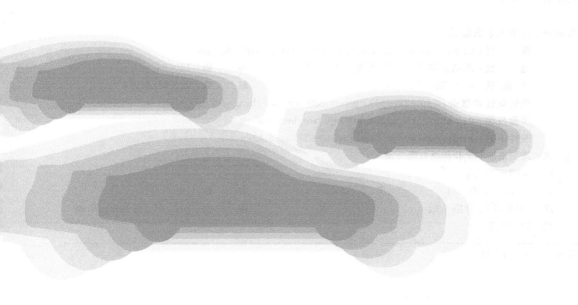

清华大学出版社

北　京

内 容 简 介

本书是职业教育"十三五"改革创新规划教材,依据职业院校教学实际和相关的国家职业技能标准编写而成。

本书主要内容包括发动机舱的维护、乘员舱的维护、汽车底盘的维护、汽车外部电器系统的维护、汽车后备厢的维护、汽车维护与保养工艺规范。

本书可作为职业院校汽车类相关专业教材,也可用于岗位培训。

图书在版编目(CIP)数据

汽车维护与保养/康建青,孟革,刘恒辉主编. —北京:清华大学出版社,2018(2023.9重印)

(职业教育"十三五"改革创新规划教材)

ISBN 978-7-302-51493-0

Ⅰ. ①汽… Ⅱ. ①康… ②孟… ③刘… Ⅲ. ①汽车—车辆修理—职业教育—教材 ②汽车—车辆保养—职业教育—教材 Ⅳ. ①U472

中国版本图书馆 CIP 数据核字(2018)第 255197 号

责任编辑:孟毅新
封面设计:张京京
责任校对:李 梅
责任印制:丛怀宇

出版发行:清华大学出版社
    网   址:http://www.tup.com.cn,http://www.wqbook.com
    地   址:北京清华大学学研大厦 A 座   邮 编:100084
    社 总 机:010-83470000   邮 购:010-62786544
    投稿与读者服务:010-62776969,c-service@tup.tsinghua.edu.cn
    质量反馈:010-62772015,zhiliang@tup.tsinghua.edu.cn
    课件下载:http://www.tup.com.cn,010-62770175-4278
印 装 者:涿州市般润文化传播有限公司
经 销:全国新华书店
开 本:185mm×260mm   印 张:8   字 数:182千字
版 次:2018 年 12 月第 1 版   印 次:2023 年 9 月第 3 次印刷
定 价:24.00 元

产品编号:075742-01

FOREWORD

前言

据中国汽车工业协会网站报道，2017年中国汽车产销量均超过2900万辆，连续9年蝉联全球第一。随着汽车保有量的大幅提高，汽车服务业的发展前景越来越广阔，现代汽车4S店和维修单位的售后服务工作中75%左右的内容属于常规的维护和保养，因此职业院校汽车类专业的学生，掌握车辆的维护和保养技能显得尤为重要。

《国务院办公厅关于深化产教融合的若干意见》中指出，要深化"引企入教"改革，支持引导企业深度参与职业学校教育教学改革，促进企业需求融入人才培养环节，推行面向企业真实生产环境的任务式培养模式。因此在本书的编写时，我们多次走访和请教了各个汽车服务单位的专家、技术师傅，和具有多年企业工作经验的专家共同编写了本书。

本书按车辆的区域维护进行划分，设置了六个项目的工作任务，针对职业院校学生的特点，注重理论与实践教学有机地结合，以任务驱动引导知识点的学习，强化学生对知识和技能的理解和掌握。

本书由邢台技师学院康建青、孟革、刘恒辉担任主编。其中，孟革具有多年汽修经验，负责整个教学任务的确定；康建青负责全书的统筹工作。项目一由高雪宁、张印勇编写，项目二由刘恒辉编写，项目三由孔静波、孟革编写，项目四由王锐编写，项目五和项目六由康建青编写。郭霞、李林杰负责本书的校对整理工作，赵凡负责本书视频操作内容的制作。

本书在编写过程中，借鉴了汽车厂家的技术资料和相关出版物，在此向相关人员致以诚挚谢意！

由于编者水平有限，书中难免出现错误，敬请读者批评指正。

编 者
2018 年 11 月

CONTENTS 目 录

项目一

发动机舱的维护

任务 1　发动机舱的清洁

 学习目标

（1）能叙述发动机舱清洁的必要性。

（2）能按要求包裹电气部件。

（3）能规范地对发动机舱进行清洁护理。

任务描述

李先生的汽车在行驶 $5×10^4$ km 后，到 4S 店进行维护保养。经检查，发现车辆发动机舱布满油泥。征求李先生同意后，对该车辆的发动机进行清洗护理。

相关知识

一、发动机舱清洁的重要性

发动机工作状态时温度可达 1000℃以上，尤其在夏季电气部件和各线路极容易出现老化开裂，而且随着发动机工作年限的增加很容易出现漏油的状况，在这些情况下极易出现发动机舱自燃的现象，严重威胁车主的生命财产安全。

二、概念

发动机舱清洁是根据发动机舱的特殊性，使用专业清洁用品，对发动机舱内及附件进行清洗与保养，达到净化发动机室，延长发动机及附属件使用寿命的一种操作工艺。

三、发动机舱清洗所需物品

1. 发动机清洗剂

发动机清洗剂也叫外部清洗剂或机头水。这类产品多为轻质类除油剂,分解去污能力较强,对各种材质的部件无腐蚀性,适用于大部分汽车的金属、塑料、橡胶等部件的清洁,对发动机表面的机油、制动液、电瓶水等的化学液体也有很好的清洁作用。图 1-1-1 所示为常用的发动机清洗剂。

图 1-1-1 发动机清洗剂

2. 电器清洗剂

这类产品的特点是具有极好的挥发性,具有清洁、防潮、润滑等功能,可有效避免清洗后汽车电器设备因水分长期潮湿不散而造成的短路现象,可安全使用于蓄电池、分电器及汽车音响等各类电器元件上。图 1-1-2 所示为电器部件清洁剂。

3. 除锈剂

除锈剂可除去锈、污染物质(积碳)、氧化物。经其处理过的金属表面对焊接、电镀、喷漆不会产生影响,除锈后可保持金属原有的色泽,对人体无腐蚀性,如图 1-1-3 所示。

图 1-1-2 电器部件清洗剂

图 1-1-3 除锈剂

4. 发动机保护剂

发动机清洗完毕,在其表面喷涂发动机保护剂可起到保护作用。图 1-1-4 所示为一种常见的发动机保护剂。

5. 软毛刷

在清洗过程中，发动机舱内油污较厚时可使用毛刷进行清洁处理。所用毛刷如图 1-1-5 所示。

图 1-1-4　发动机保护剂　　　　　　　　　图 1-1-5　软毛刷

四、发动机舱清洗步骤

1. 准备工具

工具包括吸尘器、防水保护膜、各类清洁剂（发动机清洁剂、电气部件清洁剂、除锈剂、金属部件上光剂和发动机舱保护剂）、软毛刷。

2. 打开舱盖检查机舱

打开发动机舱盖，如图 1-1-6 所示，检查发动机各个部件线路是否存在老化损坏等问题。

图 1-1-6　打开发动机舱盖

3. 保护电器部件

利用防水材料（例如保鲜膜、塑料袋等）包紧不宜水淋的部件，主要有蓄电池、保险盒、发电机、点火线圈、CPU 等裸露的电器部件，如图 1-1-7 所示，以防止清洁时进水造成车辆损坏。

4. 喷淋发动机舱

如图 1-1-8 所示，调整水枪扇面至最大，降低水压，冲掉发动机舱内的灰尘，将发动机淋湿即可。特别要留意前挡风窗玻璃与发动机室隔热空间的清洁。

图 1-1-7　包紧电器部件

图 1-1-8　喷淋发动机舱

5. 清洁油污

可使用较强的引擎外部清洁剂或化油器清洗剂，将其喷涂在油污处，2～3min 后，油污严重的使用毛刷仔细刷洗，然后冲掉泡沫和污水，如图 1-1-9 所示。

图 1-1-9　清洁油污

6. 锈蚀处理

将清洁除锈剂喷涂在锈蚀处，待其发挥作用 10min 左右，用硬毛刷刷洗或用细砂纸进行砂光处理，然后用软布擦干，如图 1-1-10 所示。

图 1-1-10　用软布清洁表面

7. 金属件的处理

经过锈蚀处理后,仍不能彻底清理的部件可进行抛光处理。方法是将金属抛光剂涂于被抛光金属表面,然后用毛巾进行手工反复擦拭,直至光亮平整后,喷上金属护理剂即可完成抛光护理。

8. 清洁流水槽

如图 1-1-11(a)所示,前挡风玻璃下、发动机盖与两前翼子板结合处的流水槽一般情况下很脏,可先用清水冲洗,然后进行泡沫清洗,配合软毛刷刷洗,最后用干净软布擦干,喷涂橡胶护理剂,防止老化,如图 1-1-11(b)所示。

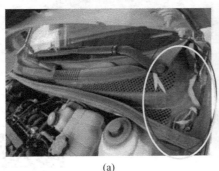
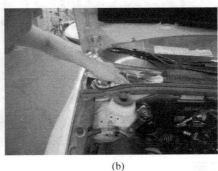

(a)　　　　　　　　　　　　　　　　(b)

图 1-1-11　清洗流水槽

9. 清洁电器部件

用清洗剂喷涂于电器表面,并用干净的半湿毛巾快速擦拭清洁,再使用多功能防腐润滑剂喷涂一遍,用专用的电子清洗剂清洗蓄电池极柱,同时配合毛刷刷除污迹。

10. 吹干

使用气枪用高压气体将整个发动机室全部吹干,特别是电器部件更要仔细,以防止进水导致通电后出现短路现象,如图 1-1-12 所示。

11. 保护处理

将发动机保护剂均匀喷洒于发动机表面,再用柔软的干净毛巾反复擦拭,完成对发动机室的护理工作,如图 1-1-13 所示。

图 1-1-12　吹干电器部件　　　　图 1-1-13　发动机表面的保护处理

12. 结束处理

结束发动机清洁工作,盖好发动机舱盖,整理好工具、场地,如图 1-1-14 所示。

(a) 清洗前　　　　　　　　　　　　　(b) 清洗后

图 1-1-14　发动机舱清洁前后对比

任务实施

发动机舱清洗

(1) 清洗发动机舱作业前有哪些准备工作?

(2) 为什么要进行发动机舱清洗作业?

(3) 在教师的指导下,以小组为单位完成清洗发动机舱作业,并
回答下列问题。

① 清洗发动机舱所需工具用品有哪些?

② 清洗发动机舱作业时的注意事项有哪些?

反馈与评价

根据学生在本任务实施期间的表现进行评价,按照自己评价、小组评价及教师评价完

成表 1-1-1。

表 1-1-1　任务评价表

班级　　　　　组别　　　　　学生姓名

考核项目	评分标准		评价等级		
			A	B	C
个人素质	遵守纪律，服从安排				
	学习积极，主动参与				
	仪表整洁，穿工装实习				
专业能力	任务方案				
	操作过程	拆卸前的准备			
		打开舱盖检查			
		保护电器设备			
		喷淋发动机舱			
		清洁油污			
		锈蚀处理			
		金属件的处理			
		清洁流水槽			
		清洁电器部件			
		吹干			
		保护处理			
	工作页的填写				
社会能力	团结协作、相互帮助				
	表达、沟通能力				
	严格按 5S 管理进行				
小组评价					
教师评价					

任务 2　发动机传动带的检查与更换

 学习目标

（1）明确发动机传动带的功用。

（2）明确发动机传动带的检查方法和更换周期。

（3）规范操作，正确使用工具和设备。

任务描述

张先生的科鲁兹汽车在行驶过程中感觉发动机传动带有异响，到汽车修理厂进行维修。他的汽车已经行驶了 7×10^4 km，发动机传动带已经到规定的更换时间，请对该车的异常情况进行修理或更换部件。

相关知识

一、传动带的功用

汽车传动带是一种橡胶制品，呈封闭环形，外表面光滑，内表面由多条斜面组成，与多条 V 带相似。作用是将曲轴、发电机与空气压缩机连接起来，通过皮带与带轮之间的摩擦传递动力。

二、传动带的检查

1. 外观检查

外观检查需要检查传动带的张紧力、磨损情况（裂纹、磨损、层离等现象）和安装情况。用 98N 的力按压传动带（一般为拇指向下按一个指节的距离为宜），也可以用张紧力计来检测皮带的张紧力。

2. 传动带检查周期

车辆每行驶 2×10^4 km 需检查一次正时带，$(6 \sim 8) \times 10^4$ km 需更换传动带、正时带。具体检查周期及更换周期以维修手册上规定的检查期限为准。

三、传动带的更换步骤

（1）将车辆停在指定工位，拉起手刹。

（2）安装驾驶室三件套，打开并支撑发动机舱盖。

（3）在发动机舱周围放置防护三件套（翼子板布、前格栅布）。

（4）拆下空气流量计线束卡，拔出图 1-2-1 中箭头 1 所指的卡子，捏住箭头 2、3 位置将卡子拔出。

（5）拆卸空气滤清器上盖，如图 1-2-2 所示。

（6）拆下空气滤清器出气管，并将整个滤清器拔出，如图 1-2-3 所示。

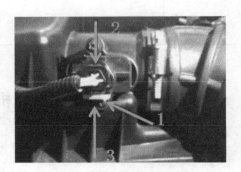

图 1-2-1　空气流量计线束卡

图 1-2-2 拆卸空气滤清器上盖

图 1-2-3 拆下空气滤清器出气管

（7）利用千斤顶支撑发动机底部适当位置将发动机托起，如图 1-2-4 所示。

图 1-2-4 用千斤顶支撑发动机底部

（8）先拧下图 1-2-5 中螺栓 1、2、3，再拆卸发动机右支架左侧部分。

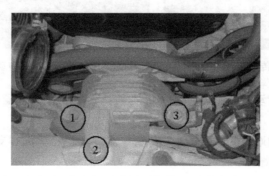

图 1-2-5 发动机右支架左侧部分

（9）将发动机右支架右侧部分拆下，如图 1-2-6 所示。

（10）沿箭头方向给张紧轮施加张紧力使传动带变松，如图 1-2-7 所示。

（11）利用工具将传动带卸下，图 1-2-8 所示为卸下的传动带。在拆卸过程中应注意传动带的绕法，如图 1-2-9 所示。

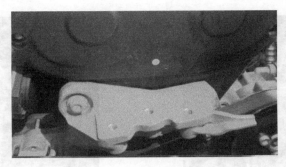

图 1-2-6　发动机右支架右侧部分

图 1-2-7　张紧轮施力方向

图 1-2-8　传动带

图 1-2-9　传动带绕法

（12）更换新的传动带，在安装前一定要确认传动带的绕法。安装步骤与拆卸步骤一致。

（13）按照拆卸的顺序，反方向逐个安装零件。安装发动机右支架，将螺栓依次拧入，再利用专用工具上紧螺栓。

（14）取出千斤顶，放下举升机。使用过程中要按照千斤顶、举升机的操作规范作业。

（15）整理工具，盖好发动机舱盖。

任务实施

（1）更换发动机传动带作业前有哪些准备工作？

（2）查手册写出传动带的类型及应用范围。

（3）在教师的指导下，以小组为单位完成发动机正时带的拆卸、检查、安装作业，并回答下列问题。

① 发动机传动带的检查方法。

② 发动机传动带的更换周期。

③ 发动机传动带的更换作业。

反馈与评价

根据学生在本任务实施期间的表现进行评价，按照自己评价、小组评价及教师评价完成表 1-2-1。

表 1-2-1　任务评价表

班级　　　　　　组别　　　　　　学生姓名

考核项目	评 分 标 准		评价等级		
			A	B	C
个人素质	遵守纪律，服从安排				
	学习积极，主动参与				
	仪表整洁，穿工装实习				
专业能力	任务方案				
	操作过程	拆卸前的准备			
		拆卸空气滤清器			
		举升机的使用			
		千斤顶的使用			
		传动带的检查			
		传动带的安装			
		拆卸发动机支架			
		空气流量计接头的拆卸			
		保护处理			
	工作页的填写				
社会能力	团结协作、相互帮助				
	表达、沟通能力				
	严格按 5S 管理进行				
小组评价					
教师评价					

知识拓展

助力转向泵皮带的更换

助力转向是汽车上的一种增加舒适性的技术,可以在驾驶员进行转向的时候自动提供转向力,从而减轻驾驶员的转向劳动强度。助力转向泵是通过助力液的作用,为方向盘减压,以达到助力的目的,如图1-2-10所示。

图 1-2-10　助力转向系统
1—储液罐;2—输液管;3—转向助力泵

老式科鲁兹轿车采用助力转向泵,转向泵是通过皮带与发动机连接获得动力完成转向的。新式科鲁兹轿车则采用电动助力转向,所以不存在转向助力泵。在更换皮带时要看清发动机有几根传动带。助力转向泵传动带的作用、检查方法与上述传动带相同。在更换有助力转向泵发动机传动带时应先将转向泵传动带卸下,再卸下曲轴传动带,如图1-2-11所示。

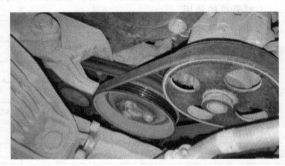

图 1-2-11　转向助力泵传动带

1. 检查

(1)检查皮带是否有裂纹或损坏,如有必要,更换新皮带。

(2)用皮带张力测量仪检查皮带张力,检查方法同传动带检测。

2. 调整

(1)松开助力转向泵安装螺母。

(2)转动调节螺栓使皮带张力达到标准值,然后重新拧紧安装螺母。

（3）起动发动机，连续几次将方向盘从左锁止位转至右锁止位，然后使发动机停转，重新检查皮带的垂度。

3. 更换

更换方法与一般传动带相同。

任务3 火花塞的检查与更换

学习目标

（1）能叙述火花塞的工作原理。
（2）能按要求检查火花塞。
（3）能规范地对火花塞进行维护和更换。

任务描述

一辆科鲁兹汽车到汽车修理厂进行维修，发动机怠速运转时，出现规律性抖动，但发动机高速运转时或油门加速时，抖动现象却又消失，怀疑是火花塞出现问题。请对火花塞进行检查维护。

相关知识

一、火花塞的结构及工作原理

火花塞的作用是将点火线圈产生的高压电引入燃烧室，利用电极产生的电火花点燃混合气，完成燃烧。由于火花塞工作于高温、高压下，所以是汽车上的易损件。

火花塞的结构包括接线螺母、绝缘体、金属外壳、中心电极和侧电极，如图1-3-1所示。金属外壳带有螺纹，用于拧入气缸；在壳体内装有绝缘体，里面贯通着一根中心电极；中心电极上端有接线螺母，连接高压电线；在壳体的下端面焊有接地电极（又称侧电极），中心电极与接地电极间有 0.6～1.0mm 的间隙，高压电经过这个间隙就会产生火花，从而点燃气缸中的混合燃气。

二、常见汽车火花塞故障

发动机正常运转时，火花塞绝缘体裙部的温度一般保持在 500～600℃，温度过高或过低火花塞都无法正常工作。

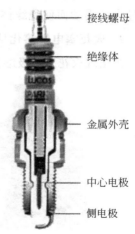

接线螺母

绝缘体

金属外壳

中心电极

侧电极

图 1-3-1 火花塞的结构

火花塞温度过低,火花塞上的绝缘体容易积碳,最终引起漏电导致产生缺火现象;如果火花塞工作温度过高,容易引起早燃和发动机爆震。

火花塞常见故障有以下几种。

1. 火花塞电极部位有黑色沉积物

火花塞电极部位有黑色沉积物的原因是空气滤清器不能有效过滤空气,甚至出现空气滤清器堵塞与破损,导致空气中的杂质进入气缸,并且在火花塞电极部位产生沉积,如图 1-3-2 所示,这会直接导致汽车火花塞点火不良,燃烧不充分。

2. 火花塞上有油性沉淀物

如图 1-3-3 所示,当火花塞上出现油性沉积物时,表明润滑油已进入燃烧室内。如果只是个别火花塞上有油性沉积物,则可能是气门杆油封损坏造成的;如果各个缸体的火花塞都附着有这种沉积物,则说明气缸出现蹿油。一般来说,在空气滤清器和通风装置堵塞的情况下,气缸极易出现蹿油现象。

图 1-3-2　火花塞上有黑色沉淀物

图 1-3-3　火花塞上有油性沉淀物

3. 火花塞绝缘体破损

火花塞绝缘体出现破损的主要原因是爆震。如果出现辛烷值过低、火花塞点火时间提前、气缸温度过高、混合气体比例过低等都会引起发动机爆震,进而导致汽车火花塞出现过大的震动而使绝缘体损伤,如图 1-3-4 所示。

4. 火花塞电极熔化且绝缘体呈白色

当出现火花塞电极熔化且绝缘体呈白色的现象,表明燃烧室内温度过高,如图 1-3-5 所

图 1-3-4　火花塞上绝缘体破损

图 1-3-5　火花塞上绝缘体白色

示。这可能是燃烧室内积碳过多,从而造成气门间隙过小,进一步引发排气门过热或是冷却装置工作不良。在火花塞未按规定力矩拧紧时也会造成电极熔化、绝缘体呈现白色的现象。

5. 火花塞漏电

造成火花塞漏电的原因一般是火花塞的陶瓷绝缘体出现缺陷或者损伤,也有可能是在长期使用后火花塞电极间的缝隙过大,或者是点火线圈绝缘不良造成的。当出现这一问题时需更换火花塞。

三、火花塞的检查方法

1. 观察鉴别

卸下火花塞,观察电极颜色。电极为白色或铁锈色的火花塞工作正常;表面有黑烟(混合气过浓因素除外)的火花塞工作质量较次;有严重积碳或油污的火花塞工作质量最差或根本不能工作。

2. 对比试验

在电器试验台上将火花塞接入线路,与标准火花塞进行对比,判断火花塞的好坏。

3. 跳火试验

卸下怀疑有故障的火花塞将其平置于发动机缸体上,将高压总线火花塞一端与火花塞接线头接触,起动发动机,使高压电在火花塞电极间跳火。若火花连续而明亮,则火花塞良好,否则火花塞应更换,如图 1-3-6 所示。

图 1-3-6　火花塞跳火试验

四、更换火花塞的步骤

(1) 拔下汽车点火钥匙,确保安全。

(2) 用手直接拆下发动机点火线圈盖板,图 1-3-7 所示。

(3) 拔下点火线圈线束接头。

(4) 拧松点火线圈固定螺栓,图 1-3-8 所示。

图 1-3-7   拆下发动机点火线圈盖板

图 1-3-8   拧松点火线圈固定螺栓

（5）双手分别拿住点火线圈两端，轻轻将点火线圈取出，如图 1-3-9 所示。

（6）用火花塞套筒配合扳手及长接杆将火花塞一次拧出，如图 1-3-10 所示。

图 1-3-9   取出点火线圈

图 1-3-10   拧出火花塞

（7）将火花塞安装孔盖住，防止杂物落入。

（8）检查火花塞，如图 1-3-11 所示。

（9）将维护后的火花塞或新火花塞重新装到火花塞孔内。

（10）重新连接点火线圈线束，安装点火线圈盖板。

（11）起动发动机，观察各缸工作是否正常。

（12）操作完毕，整理工具和设备，清洁场地。

图 1-3-11   检查火花塞

任务实施

（1）更换火花塞作业前有哪些准备工作？

（2）查手册写出常见火花塞的类型及应用范围。

（3）在教师的指导下，以小组为单位完成火花塞的拆卸、检查、安装，并回答下列问题。

① 仔细检查拆下的火花塞有无问题，需要进行什么操作？

② 若不合格的火花塞继续使用，易引发什么故障？

更换火花塞

反馈与评价

根据学生在本任务实施期间的表现进行评价,按照自己评价、小组评价及教师评价完成表 1-3-1。

表 1-3-1　任务评价表

班级　　　　　组别　　　　　学生姓名

考核项目	评分标准		评价等级		
			A	B	C
个人素质	遵守纪律,服从安排				
	学习积极,主动参与				
	仪表整洁,穿工装实习				
专业能力	任务方案				
	操作过程	拆卸前的准备			
		火花塞的拆卸			
		火花塞的安装			
	工作页的填写				
社会能力	团结协作、相互帮助				
	表达、沟通能力				
	严格按 5S 管理进行				
小组评价					
教师评价					

知识拓展

火花塞的更换周期

火花塞的分类方法有多种,按照热值高低来分,有冷型和热型;按照电极材料来分,有镍合金、银合金和铂合金等。

性能优良的火花塞可提高车辆动力性能。通常情况下,火花塞更换的标志是不跳火或电极放电部分因烧蚀而成圆形。如不能自行判断火花塞的更换里程,应当以厂商规定的保养里程为准。表 1-3-2 所示为火花塞的材质与更换里程。

表 1-3-2　火花塞的材质与更换里程

火花塞类型	更换里程/km
铜芯火花塞	30000
钇金火花塞	50000
铂金火花塞	80000
铱金火花塞	100000
铱铂金火花塞	120000

任务 4　节气门及喷油器的维护

 学习目标

(1) 能叙述节气门、喷油器的作用。
(2) 能够正确使用喷油器清洗机。
(3) 能规范完成节气门、喷油器清洗作业。

任务描述

一辆科鲁兹汽车到汽车修理厂进行维修,挂一挡起步,车有些抖动;挂高挡加速时,抖动现象消失。经检查,各传感器工作正常。请检查节气门及喷油器,如有需要对其进行清洗作业。

相关知识

一、节气门

节气门是控制空气进入发动机的可控阀门,如图 1-4-1 所示。气体进入进气管后会和汽油混合成可燃混合气,从而燃烧做功。节气门上接空气滤清器,下接发动机缸体,被称为汽车发动机的咽喉。踩下油门的深浅直接关系到节气门的开度,因此怠速、动力等表现与节气门的清洁程度有关。

二、喷油器

1. 喷油器的作用

喷油器的作用是根据发动机 ECU(电控单元)发出的喷油脉冲信号,将计量精确的燃油适时、适量地喷入节气门附近的进气歧管内,如图 1-4-2 所示。

图 1-4-1 节气门体

图 1-4-2 喷油器

2. 对喷油器的要求

（1）良好的动态流量稳定性。

（2）较强的抗堵塞、抗污染能力。

（3）较好的密封性。

（4）较好的燃油喷射的雾化性。

3. 所需用品

（1）清洗节气门需要专用的清洗剂，即化油器清洗剂。图 1-4-3 所示为市面上常见的清洁用品。

（2）清洗剂有一定的腐蚀性，作业时需要准备一副手套，避免清洗剂腐蚀皮肤，同时也可以防止拆装过程中被划伤。

（3）专业的汽车维修人员需要准备一整套维修工具，建议购买 120 件套。图 1-4-4 所示为简单的套装工具。

图 1-4-3 化油器清洗剂

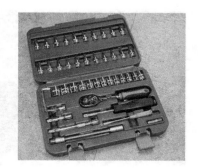

图 1-4-4 套装工具

4. 喷油嘴检测清洗机

喷油嘴检测清洗机是采用超声波清洗技术与微电脑油压闭环控制清洗检测技术相结合的机电一体化设备。该机器模拟发动机的各种工况，可以对各种汽车的喷油嘴进行清洗、检测，同时还可以对汽车喷油嘴及供油系统进行免拆清洗。广泛应用于汽车修理、养护行业，如图 1-4-5 和图 1-4-6 所示。

图 1-4-5　喷油嘴检测清洗机

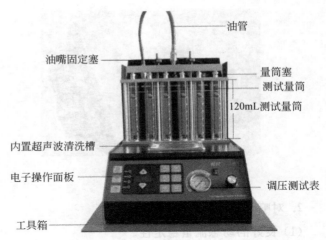

油管
油嘴固定塞
量筒塞
测试量筒
120mL测试量筒
内置超声波清洗槽
电子操作面板
调压测试表
工具箱

图 1-4-6　喷油嘴检测清洗机各部分名称

三、节气门清洗步骤

停车后不要马上进行节气门的清洗,因为机舱内温度较高,有可能烫伤皮肤,建议停车一段时间,待机舱温度降低再进行。

(1) 打开发动机舱盖。

(2) 拆下空气流量计线束卡,如图 1-4-7 所示。

(3) 拆下空气滤清器上盖,如图 1-4-8 所示。

图 1-4-7　空气流量计线束卡

图 1-4-8　拆下空气滤清器上盖

(4) 拧松螺栓,拆下空气滤清器出气管,并将整个滤清器拔出,如图 1-4-9 所示。

(5) 拔下节气门体旁插头,如图 1-4-10 所示,拧松固定节气门体螺栓,并将其卸下,如图 1-4-11 所示,拆下整个节气门体。

(6) 清洗节气门时需要戴好手套,安装好清洗喷剂的喷管,对准节气门内部喷射,操作方法如图 1-4-12 所示。

(7) 用干净棉布将节气门内部擦拭干净,如图 1-4-13 所示。

图 1-4-9　拧松螺栓

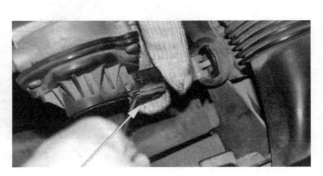

图 1-4-10　拔下插头

图 1-4-11　拧松节气门体螺栓

图 1-4-12　清洗节气门

图 1-4-13　擦拭节气门体

（8）安装节气门体时先将固定节气门的四个螺栓用手拧上，然后再用工具固定上紧，安装顺序与拆卸时逆向。随后将传感器插头插好，听见"哒"的一声后说明固定到位。

（9）将软管连接到位，拧紧铁箍处螺钉，如图 1-4-14 所示。

（10）整理工具，盖好发动机舱盖。

四、喷油器的清洗步骤

注意：清洗喷油器时应在发动机彻底冷却后开始作业。

图 1-4-14　拧紧螺钉

（1）打开发动机舱盖并支撑好。

（2）燃油系统卸压。将油泵保险或继电器拔下，起动发动机，等其自行熄火后，再起动发动机三次，卸压完毕。

（3）依次拆下汽油管 1、传感器接头 2、塑料卡子 3 和 4、接头 5，拆下喷油器并固定螺钉，将整个喷油器拆下，如图 1-4-15 所示。

图 1-4-15　喷油器结构图

（4）拧下螺栓，如图 1-4-16 所示。

（5）卸下喷油器清洗剂量筒，如图 1-4-17 所示。

图 1-4-16　拧下螺栓

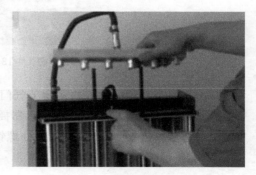

图 1-4-17　卸下喷油器清洗剂量筒

（6）将喷油器逐个安装到位，如图 1-4-18 所示。

（7）固定到原位，如图 1-4-19 所示。

图 1-4-18　安装喷油器

图 1-4-19　固定到原位

（8）逐个连接喷油器控制线，如图 1-4-20 所示。

（9）打开喷油器清洗机，进行滴漏测试。

（10）开启油泵将压力设置为初始压力 300kPa，如图 1-4-21 所示。

图 1-4-20　连接控制线

图 1-4-21　调节压力按钮

（11）检查是否有油滴出。

（12）检查雾化情况，观察每个测试量筒内的油量，如图 1-4-22 所示。如有明显差异需要更换喷油器。

图 1-4-22　观察量筒内油量

（13）清洗喷油器。清洗前，将喷油器从清洗机上卸下来，连接控制线，将喷油器放入清洗槽内，如图 1-4-23 所示。选择清洗功能，清洗时间为 10min 左右。

图 1-4-23　将喷油器放入清洗槽内

（14）将喷油器安装回发动机上。

（15）整理工具，盖好发动机舱盖。

任务实施

（1）清洗节气门、喷油器作业前有哪些准备工作？

（2）查手册写出节气门、喷油器的类型。

（3）在教师的指导下，以小组为单位完成节气门、喷油器的拆卸、检查、安装作业，并回答下列问题。

　① 节气门的定义是什么？清洗节气门时的注意事项是什么？

　② 喷油器清洗机的使用方法。

　③ 清洗喷油器的注意事项。

反馈与评价

根据学生在本任务实施期间的表现进行评价，按照自己评价、小组评价及教师评价完成表 1-4-1。

表 1-4-1　任务评价表

班级　　　　　　组别　　　　　　学生姓名

考核项目	评分标准	评价等级		
		A	B	C
个人素质	遵守纪律，服从安排			
	学习积极，主动参与			
	仪表整洁，穿工装实习			

续表

考核项目	评分标准		评价等级		
			A	B	C
专业能力	任务方案				
	操作过程	拆卸前的准备			
		拆卸空气滤清器			
		拆卸空气流量器插头			
		拆卸节气门			
		清洗节气门			
		拆卸喷油器			
		喷油器清洗机的使用			
		喷油器的检测			
		清洗喷油器			
		喷油器的安装			
		工具、零件的摆放			
	工作页的填写				
社会能力	团结协作、相互帮助				
	表达、沟通能力				
	严格按5S管理进行				
小组评价					
教师评价					

知识拓展

节气门的清洗方法

1. 节气门的清洗周期

节气门多长时间清洗一次，并没有严格的限制，这与用车习惯和环境有很大的关系。从现象上看，当出现怠速不稳等情况后，应当考虑进行清洗。

通常情况下4S店会建议车主行驶了 $2×10^4$ km 左右清洗节气门，当然不同车型情况不同，有些车节气门容易脏，严重时 7000～8000km 就需要进行清洗。

2. 节气门堵塞出现的问题

长时间不清洗节气门会使节气门的开度产生误差，同时有杂质的空气会进入发动机燃烧室，这都能导致发动机工作异常，主要表现为怠速不稳、行驶中出现突然收油门的感觉，动力下降，严重时甚至会造成起动困难和增加油耗等。

3. 其他清洗喷油嘴的方法

目前在4S店及维修店内,"打吊瓶"清洗喷油嘴的方法比较常见。"打吊瓶"就是像医院里的医生为患者打吊瓶一样,为汽车"打点滴"。"打吊瓶"是现在很常见的维修方式,主要用于清洗发动机的进气道以及燃油系统。采用这种方法的优点在于方便、快捷,在不拆卸发动机的情况下就能将发动机清理得比较干净,达到较好的效果。

4. "打吊瓶"清洗喷油嘴的操作步骤

(1) 关闭发动机,拔下燃油泵保险,如图1-4-24所示。

图1-4-24　拔下燃油泵保险

(2) 拆下车辆燃油总管,根据车型在供回油管路上安装相应的快速接头,并与清洗机接好,堵住回油管,如图1-4-25所示。

(3) 将燃油系统免拆洗清洗剂加入"吊瓶"内,连接压力系统,调节阀门,如图1-4-26所示。

图1-4-25　安装清洗机接头

图1-4-26　调节压力阀门

(4) 检查所有的接头是否都已接好,确保无漏油现象的发生。

(5) 起动发动机,需要将压力设备的压力调整到$60\sim80\text{kg/cm}^2$,并使发动机急速运行,清洗工作开始,清洗剂用完后,清洗结束。

(6) 拆开清洗设备和车辆的各管路连接处,恢复车辆的原有燃油管路和电路系统。

(7) 起动发动机,检查有无泄漏,一切正常后,清洗工作结束。车辆清洗过程中,会有难闻的尾气排出以及发动机抖动,均为正常现象。清洗液用完后,发动机会有部分积碳被软化,需车主高速行驶$20\sim50\text{km}$,才可全部排出。

任务 5 空气滤清器、汽油滤清器、机油滤清器 及机油的更换

学习目标

（1）能正确操作各类举升机。
（2）能够规范地完成空气滤清器的更换作业。
（3）能够规范地完成汽油滤清器的更换作业。
（4）能够规范地完成机油滤清器及机油的更换作业。

任务描述

　　一辆汽车在行驶时，出现噪声增大、加速无力等现象，车主将汽车开至汽修厂，经询问得知该车已经行驶 7000km 未进行保养，怀疑机油、机滤等已不能正常工作，综合判断后确认该车应更换空气滤清器、汽油滤清器、机油滤清器及机油。请分组完成此项维护工作。

相关知识

一、举升机的结构、种类及操作

　　汽车举升机是汽车企业的常用设备，在汽车维修与养护中有着重要的用途。进行汽车的大修、一般检查和常规保养等作业时，大多需要用到举升机，举升机性能的好坏直接影响维修人员的安全。

1. 举升机的结构与种类

　　举升机有多种类型，常见的有双柱式、四柱式、剪式三种。举升机采用电动液压驱动系统，大多设有机械保险自锁保护装置。举升机在使用时应升降平稳、自锁可靠、电动和液压装置无异常现象等。

　　1）双柱式举升机

　　双柱式举升机有两个立柱，如图 1-5-1 所示。立柱固定于地面，每个立柱有两个支臂，举升车辆时，每个支臂都应对准汽车底盘的加强筋位置。双柱式举升机具有机械自锁功能，升降方便，安全可靠。双柱式举升机一般用于轿车和轻型车。

　　2）四柱式举升机

　　四柱式举升机有四个立柱，如图 1-5-2 所示。立柱固定于地面，纵向立柱之间有支撑板，举升车辆时，车辆只需开至支撑板上即可。四柱式举升机具有机械自锁功能，支撑和升降均比双柱式方便，且安全可靠，稳定性较好。

图 1-5-1　双柱式举升机

图 1-5-2　四柱式举升机

3）剪式举升机

剪式举升机的结构如图 1-5-3 所示。此类举升机主要用于底盘检修、更换机油、更换轮胎、4S 店预检工位。

2. 举升机的使用操作步骤（以双柱式举升机为例）

（1）以 5S 标准整理场地，保证作业场地的整洁和规范。

（2）确保举升机升降平稳，自锁可靠，电动和液压装置无异常现象。

（3）将车辆开至举升位置，将四个支臂上的支角胶垫对准车辆底部的加强筋。

图 1-5-3　剪式举升机

（4）缓慢升起车辆，当支角胶垫将要与加强筋接触时，暂停，再次确认支角胶垫的位置是否对准加强筋。

（5）将车辆缓慢升起，当车辆轮胎离地时，暂停，按压汽车前机舱盖，确认车辆支撑平稳。

（6）车辆升起时，车辆下面不允许有人员活动，待举升到合适高度时，按下下落按钮，使机械锁止装置发挥作用，并确认安全后维修人员才可开始作业。

（7）除基本保养及小修项目外，其他烦琐笨重的作业，不得在举升器上进行。

（8）车辆底部作业完成后，应先将车辆缓缓升起较小的高度，拉开机械锁止拉环，然后按住下落按钮，将车辆平稳落下。

（9）将车辆开出举升位置，清除杂物，打扫举升机周围以保持场地整洁。

二、机油

1. 机油的作用

机油具有润滑、清洁、冷却、密封、减磨、防锈、防蚀、减震和缓冲等作用。

2. 机油的分类

1）常用的分类方法

目前市场上销售的机油可简单划分为矿物油、半合成机油和合成机油三种。见表 1-5-1 所示。

表 1-5-1　机油分类

类　型	特　点	应　用
矿物油	①价格低，较常用；②使用寿命短，润滑性能差；③对环境有较大的污染；④低温黏度高，流动性差，不适合低温地区使用	微型轿车、经济型轿车的发动机
半合成机油	①成本较矿物油略高；②纯度非常接近全合成机油，性能稳定	中档汽车发动机
合成机油	①品质较好，热稳定、抗氧化反应、抗黏度变化的能力强；②成本高，价格昂贵	涡轮增压发动机、高端汽车发动机

2）SAE 黏度等级

润滑油的黏度多使用 SAE 等级标识，SAE 是英文"美国汽车工程师协会"（Society of Automotive Engineers）的缩写。例如，SAE15W-40、SAE5W-40，"W"表示 winter（冬季），其前面的数字越小说明机油的低温流动性越好，代表可供使用的环境温度越低，在冷起动时对发动机的保护能力越好；"W"后面的数字是机油耐高温性能指标，数值越大说明机油在高温下的保护性能越好。表 1-5-2 所示为 SAE 黏度等级与适用外部温度范围对照。

表 1-5-2　SAE 黏度等级与适用外部温度范围对照表

SAE 黏度等级	适用外部温度范围
5W-30	−30～30℃
10W-30	−25～30℃
15W-30	−20～30℃
20W-30	−15～30℃
5W-40	−30～40℃
5W-50	−30～50℃

三、更换空气滤清器、汽油滤清器、机油滤清器及机油

此项任务涉及举升机的操作，需两名人员配合完成。操作过程如下。

（1）把汽车开至举升位置，并将四个支臂上的支脚胶垫对准车辆底部的加强筋。

（2）起动发动机，使其达到正常工作温度。然后熄灭发动机，打开发动机舱盖。

（3）更换或清洁空气滤清器。如图1-5-4所示，拆下机油滤清器盖，如图1-5-5所示取出空气滤清器，换上新的空气滤清器，然后反顺序装好。

图1-5-4　拆卸空气滤清器

图1-5-5　空气滤清器

（4）打开机油加注口，如图1-5-6所示，然后使用举升机把汽车举升到适当位置。

（5）准备机油回收容器，拆下油底壳放油螺栓，如图1-5-7所示。注意操作方法，避免机油向四周溅射。

图1-5-6　打开机油加注口

图1-5-7　放油螺栓

（6）待机油放完后，拧紧放油螺栓。

（7）更换汽油滤清器。

① 用手顶住汽油滤清器底部中间部分向托架左侧推动，如图1-5-8所示。

② 待汽油滤清器脱离托架后，摁住进出油管的卡子（蓝色和黑色），如图1-5-9所示，向上拔出进出油管。

③ 换上新的汽油滤清器，如图1-5-10所示，反顺序装好即可。

（8）将车辆落下，如图1-5-11所示，拆卸机油滤清器，拆下后更换新的机油滤清器，如图1-5-12所示，然后反顺序安

图1-5-8　汽油滤清器位置

装好即可。安装时需要注意在滤清器外壳螺纹和胶垫位置涂抹少量机油。

图 1-5-9　汽油滤清器卡子

图 1-5-10　新的汽油滤清器

图 1-5-11　拆卸机油滤清器

图 1-5-12　更换机油滤清器

（9）通过发动机机油加注口加入机油,用机油尺测量机油的液面位置是否合适,起动发动机运转,再次检查机油液位,若液位过低,需继续添加,直到机油液位处于规定的位置。

（10）清洁发动机舱,关闭好发动机舱盖。

（11）操作完毕,整理工具和设备,清洁场地。

更换空气滤清器

更换机油滤清器及机油

更换汽油滤清器

任务实施

（1）讨论：高品质的汽车发动机机油是否适用于所有类型的汽车。

（2）进行机油滤清器更换前有哪些准备工作？

（3）在教师的指导下，以小组为单位完成空气滤清器、汽油滤清器、机油滤清器及机油的更换。

反馈与评价

根据学生在本任务实施期间的表现进行评价，按照自己评价、小组评价及教师评价完成表1-5-3。

表 1-5-3　任务评价表

班级　　　　组别　　　　学生姓名

考核项目	评 分 标 准		评价等级		
			A	B	C
个人素质	遵守纪律，服从安排				
	学习积极，主动参与				
	仪表整洁，穿工装实习				
专业能力	任务方案				
	操作过程	作业前的准备			
		更换空气滤清器、汽油滤清器、机油滤清器及机油			
		竣工检验			
	工作页的填写				
社会能力	团结协作、相互帮助				
	表达、沟通能力				
	严格按5S管理进行				
小组评价					
教师评价					

任务6 冷却液的更换

（1）掌握汽车冷却液的作用。
（2）了解冷却液的类型。
（3）能规范地完成汽车冷却液的更换。

任务描述

一辆科鲁兹汽车两年行驶了 $4.5 \times 10^4 \mathrm{km}$，到汽修店进行常规保养，车主开始只计划更换机油、机滤和空气滤清器。汽修店的维修顾问在和车主沟通的过程中得知该车一直未更换冷却液，建议此次保养增加冷却液更换项目。请分组完成冷却液的更换作业。

相关知识

一、冷却系统的结构

发动机有水冷和风冷两种冷却方式，现在一般汽车用发动机均采用水冷式。发动机水冷式冷却系统结构如图 1-6-1 所示，主要组成部分有水泵、散热器、冷却风扇、补偿水箱、节温器、发动机机体、气缸盖水套等。

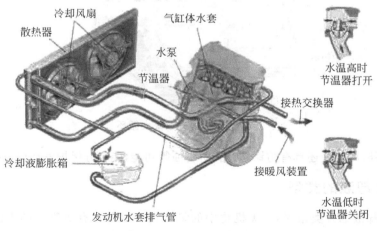

图 1-6-1　水冷式冷却系统结构

二、冷却液的作用

冷却液含有特殊的添加剂,主要用于液冷式发动机冷却系统。冷却系统具有冬天防冻、夏天防沸,全年防水垢、防腐蚀等优良性能。

冷却系统的功用是使发动机在所有工况下都保持在适当的温度范围内。冷却系统既要防止发动机过热,也要防止冬季发动机过冷。在发动机冷起动后,冷却系统还要保证发动机迅速升温,尽快达到正常的工作温度。这个过程主要是通过节温器调节发动机冷却系统"大小循环"的切换。图1-6-2所示为冷却系统小循环示意图,图1-6-3所示为冷却系统大循环示意图。

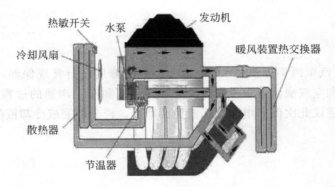

图1-6-2　冷却系统小循环

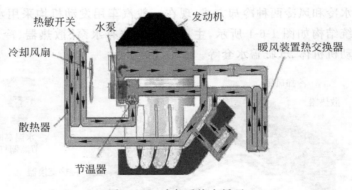

图1-6-3　冷却系统大循环

除此之外,冷却液还具有防锈、防垢、防腐蚀等功能,能充分保护发动机,提高整机性能。

三、冷却液的类型

汽车冷却液的种类很多,如无机物中的氯化钙($CaCl_2$),有机物中的甲醇(CH_3OH)、乙醇(C_2H_5OH,俗称酒精)、乙二醇($C_2H_4(OH)_2$,俗称甜醇)、丙三醇($C_3H_5(OH)_3$,俗称甘油)、润滑油以及我们日常生活中常见的砂糖、蜂蜜等,都可作为防冻液的母液,在加入适量纯净软水后,即可成为一般意义上的防冻液。目前世界各国大多采用以乙醇、乙二醇或丙三醇为母液的汽车防冻液,其中尤以乙二醇型防冻液使用居多。现在我国进口的汽车,绝大多数也都采用乙二醇型防冻液。表 1-6-1 列出了三种常用防冻液性能对比。

表 1-6-1　三种常用防冻液性能对比

比较项目	乙醇型	乙二醇型	丙三醇型
优点	价格低廉、液体流动性好、配制较为简单	配兑容易,溶液不易挥发,使用安全可靠	配兑容易、沸点高、挥发慢、损耗少、不易燃烧
缺点	沸点低(仅 78.5℃)、蒸发快、损耗大、易燃烧	当乙二醇的百分比浓度过低时,其对机件的腐蚀性就会增加。一般乙二醇型防冻液都会添加一定比例的防锈剂	冷却降温效能低、甘油配比大,使用成本较高

四、发动机冷却液的正确使用方法

现代汽车发动机的冷却液除了冷却功能外,还必须解决穴蚀、化学腐蚀、电化学腐蚀和水垢四大问题。冷却液是水与防冻剂的混合物。由于水的来源不同,其成分和清洁度也不同,因此,在加注冷却液时,要注意以下几个方面。

(1)不要添加井水、甚至污水,否则易形成水垢,腐蚀水箱和缸体水套,如图 1-6-4 所示。

图 1-6-4　形成水垢的水箱

(2)汽车冷却系统虽未出现报警,但并不代表冷却液没有问题。发动机在加注长效冷却液工作一段时间后,应打开水箱盖进行检查,当水箱出现水污、水锈和沉淀物时,应及时更换冷却液。图 1-6-5 所示为发动机仪表盘,中间上部右侧为水温表。

图 1-6-5　汽车仪表盘

（3）不可缺水运行。高温天气行车，水箱内的冷却液蒸发加快，要时刻注意检查冷却液量，注意观察冷却液温度表。水箱如果不完全加满，冷却液在水套内循环就会存在问题，水温容易升高造成"开锅"，如图1-6-6所示。家用轿车冷却液液面应位于储液罐外表面"高"线和"低"线之间，如图1-6-7所示。

图 1-6-6　水箱"开锅"

图 1-6-7　储液罐"高"线和"低"线

（4）低速水箱"开锅"时，应立即靠边停车，把发动机熄火，并将发动机舱盖打开以利于散热，然后检查维修。高速行驶水箱"开锅"时，不要立刻停车。一般应怠速运转，等发动机温度降下来后再进行检查维修。

（5）加水时不要将水洒到发动机上。若将水洒到发动机的火花塞孔座、高压线插孔、分电器上都可能会对跳火有影响；水溅到传动带上也可能导致其打滑；洒到机体上还有可能导致机体变形甚至产生裂纹。

（6）不同型号的冷却液不能混装混用，以免发生化学反应，破坏各自的综合防腐能力，用剩后的冷却液应在容器上注明名称，以免混淆。若因冷却系统渗漏引起散热器液面降低时，应及时补充同一品牌的冷却液。

五、更换冷却液

（1）将车辆准确驶入维修工位（举升机工位），停车熄火，打开发动机舱盖，安装翼子板布和前格栅布。

（2）准备废冷却液的回收容器。

（3）对车辆进行维修前的检测。

① 起动发动机,检查仪表盘有无故障显示。

② 检查发动机有无漏水、漏油、抖动和异响。

③ 检查发动机管路和线路有无老化开裂。

（4）预热发动机。起动发动机,将发动机转速升至 1500～2000r/min 并保持,等待水温升至 90℃,节温器完全打开时,关闭发动机,打开散热器盖（部分车型无散热器盖,打开冷却液储液罐盖即可）。图 1-6-8 所示为发动机冷却液储液罐,图 1-6-9 所示为打开后的储液罐,此时内部有压力,应注意安全。

图 1-6-8　冷却液储液罐

图 1-6-9　打开的冷却液储液罐

（5）将车辆举升至合适的高度,检查散热系统是否有泄漏。

（6）找到冷却液的排放塞,如图 1-6-10 所示。将冷却液回收装置置于散热器的下方,打开散热器放水螺栓,如图 1-6-11 所示,排放冷却液,排放结束后拧紧螺栓。

图 1-6-10　冷却液排放螺栓和出水口

图 1-6-11　排放冷却液

（7）将车辆缓慢落下,加入纯净水,起动发动机,清洗冷却系统内部的污垢及水锈,让水循环 2～3min 后,再次排出。

（8）从水箱口（或冷却液储液罐口）缓慢加注新的冷却液，如图 1-6-12 所示。

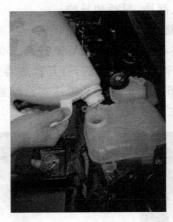

图 1-6-12　加注冷却液

（9）保持发动机怠速运转，排除冷却系统内部空气，然后将发动机转速迅速升至 1500～2000r/min 并保持，观察水温表。冷却风扇起动后，保持发动机怠速运转，排除剩余空气。

（10）检查有无泄漏。检查冷却液液位，向水箱内加注冷却液，同时副水箱加注到上下刻度线内。

任务实施

（1）发动机冷却液使用注意事项有哪些？
（2）作业前的准备工作有哪些？
（3）在教师的指导下，以小组为单位完成冷却液的更换。

更换冷却液

反馈与评价

根据学生在本任务实施期间的表现进行评价，按照自己评价、小组评价及教师评价完成表 1-6-2。

表 1-6-2　任务评价表

班级　　　　组别　　　　学生姓名

考核项目	评分标准	评价等级		
		A	B	C
个人素质	遵守纪律，服从安排			
	学习积极，主动参与			
	仪表整洁，穿工装实习			

续表

考核项目	评 分 标 准		评价等级		
			A	B	C
专业能力	任务方案				
	操作过程	冷却液更换前的准备			
		更换冷却液			
		竣工检验			
	工作页的填写				
社会能力	团结协作、相互帮助				
	表达、沟通能力				
	严格按 5S 管理进行				
小组评价					
教师评价					

项目二

乘员舱的维护

汽车乘员舱是承载驾驶员及乘客的主要场所。从驾驶员角度要求车辆的主要操控部件，包括中央控制面板和各组合开关能够做到全面、精确、方便，同时要有及时的信息反馈（即合适的仪表灯光显示系统），以便驾驶员能够根据实际情况迅速做出判断和处理。从车辆乘员角度则要求能够提供方便、舒适、全面的服务，包括空调、娱乐、休闲阅读照明等相应的功能。因此，对于车辆乘员舱的维护保养主要是对其空间内的清洁及各主要操作部件功能性的检查与维护。

任务 1　驾驶室的清洁

 学习目标

（1）掌握辨别汽车驾驶室的污染源及危害。

（2）能够正确选择护理用品，规范地使用汽车驾驶室清洁保养设备对驾驶室进行清洁护理。

任务描述

一辆科鲁兹汽车到 4S 店进行常规保养，在保养作业进行时，维修技师发现该车驾驶室内饰污垢、垃圾较多，异味较重，出于对驾乘人员身体健康和人身安全的考虑，建议车主进行驾驶室的清洁。请分组完成驾驶室的清洗作业。

相关知识

一、驾驶室的污染及危害

汽车驾驶室是汽车行驶时驾乘人员临时生活的小环境,如果驾驶室内整洁、气味清新,驾乘人员身心自然更为愉悦,行驶也会更加安全。如果驾驶室内一片狼藉,且有异味,那么驾乘人员的身心将会受到一定的伤害,驾驶人员情绪也将受到影响,在一定程度上增加驾驶的危险性。驾驶室内的环境污染一般通过驾乘人员上下车、车窗的开关和空调系统的循环等因素造成。驾驶室的污染物主要包括以下几类。

(1)固体垃圾:烟灰、尘土、遗忘的过期食品和饮料、驾乘人员带入的泥沙等。

(2)液体污染:洒落在机件表面的饮料、油渍等。

(3)气体污染:汽车内饰件挥发出的气味、过期饮料和食品散发的异味、车窗打开时进入的外界空气中的有害气体等。

二、驾驶室的清洁步骤和注意事项

汽车驾驶室的清洁是一项规范、系统、细致的作业,作业人员应按照规范的步骤进行驾驶室的清洁。驾驶室的清洁步骤主要分为:车内除尘、内饰的清洁和护理、车内消毒和去除异味等。

1. 车内除尘

车内除尘是驾驶室清洁的第一步,应做到按照顺序规范进行,除尘彻底、不留死角,正确的车内除尘步骤如下。

(1)取出脚垫,在车外用水枪进行清洗,如图 2-1-1 所示,除去灰尘和泥土,如果脚垫污垢顽固,难以清除,可喷洒清洗剂,如图 2-1-2 所示。

图 2-1-1　脚垫清洗

图 2-1-2　喷洒清洗剂

(2)将清洗好的脚垫,放在合适的位置晾晒,用车用吸尘器清理驾驶室内的小颗粒,如图 2-1-3 所示。按照由高到低的原则,顺序清理驾驶室顶棚、仪表板、车座、车门内侧和后备厢等。驾驶室地板的清理需分步进行,先用吸尘器清理沙粒,再用带有刷子的吸头,边刷边吸,反复吸刷,不留死角。

2. 内饰的清洁和护理

汽车车内除尘后应进行内饰清洁,使车内气味更加清新。步骤如下。

1) 顶棚污垢的去除

先用干净的毛巾擦拭顶棚,难于去除的污垢,可将清洗剂喷到污垢处,如图 2-1-4 所示,稍等片刻,先用干毛巾将清洁剂吸出,如图 2-1-5 所示,再从污迹边缘向中心慢慢擦拭,去除污垢。

图 2-1-3　用吸尘器清理细微颗粒

图 2-1-4　喷洒清洗剂

2) 方向盘、仪表板的清洁

对方向盘、仪表板等车内塑料件的清洁护理,可先用干净的毛巾进行擦拭,顽固污垢处喷洒专用塑胶清洗剂,然后轻轻擦拭,即可得到一个干净鲜亮的表面。汽车表板蜡(见图 2-1-6)可以对塑料件起到很好的护理作用,使车内塑料能持久保持表面光亮。汽车驾驶室清洁完成后可喷涂一层表板蜡,如图 2-1-7 所示,3～5min 后再用绒布轻轻擦拭,如图 2-1-8 所示。

图 2-1-5　用干净的毛巾擦拭

图 2-1-6　汽车专用表板蜡

图 2-1-7 喷洒专用表板蜡

图 2-1-8 用绒布轻轻擦拭

3）座椅的清洁护理

布质的座椅或座套小面积的污垢，可用喷洒清洗剂然后擦拭去除，面积较大时，可拆下座套进行清洗。

现在大多数车主为了便于清理，一般都选择人造革、真皮座椅或座套，此类座椅应该使用专用的皮革清洁护理剂进行清洗。如图 2-1-9 所示，将护理剂喷洒到座椅污垢处，等 3～5min 泡沫散去，皮革清洁剂充分溶解污渍后，用柔软的干毛巾进行擦拭即可使座椅保持光亮。

4）车内蒸汽清洗

在车内污垢清除后，可对全车内进行蒸汽清洗。往蒸汽清洗机中加入适量清水，对车内顶棚、车门内侧仪表板外的部位（包括后备厢）进行蒸汽清洗，如图 2-1-10 所示。车内清洗对去除车内的异味具有一定的效果。

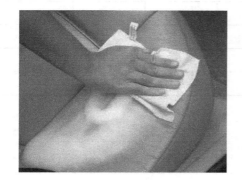
图 2-1-9 真皮座椅的清洁护理

图 2-1-10 全车蒸汽清洗

5）汽车驾驶室内清洁时的注意事项

对车内不同材质的部件进行清理时，应分别使用适当的清洁剂。不同的内饰清洁用品不可混用，一旦混合后，可能会产生有害物质，严重时还会释放有毒气体。

任务实施

（1）分组讨论汽车内饰清洗的意义。

（2）作业前的准备工作有哪些？

（3）在教师的指导下，以小组为单位完成驾驶室的清洁。

反馈与评价

根据学生在本任务实施期间的表现进行评价，按照自己评价、小组评价及教师评价完成表 2-1-1。

表 2-1-1　任务评价表

班级　　　　　组别　　　　　学生姓名

考核项目	评 分 标 准		评价等级		
			A	B	C
个人素质	遵守纪律，服从安排				
	学习积极，主动参与				
	仪表整洁，穿工装实习				
专业能力	任务方案				
	操作过程	驾驶室清洁前的准备			
		驾驶室清洁			
		竣工检验			
	工作页的填写				
社会能力	团结协作、相互帮助				
	表达、沟通能力				
	严格按 5S 管理进行				
小组评价					
教师评价					

任务 2 中控门锁及中央面板的操作

学习目标

（1）熟悉汽车中央面板的布置。
（2）能对中控门锁及中央面板相关项目进行正确的操作。
（3）能够按照一定的方法和顺序正确地检查中央控制的各项操作。

任务描述

一辆科鲁兹汽车在日常使用过程中，发现当使用随车钥匙进行操作时，中控门锁会间断地出现工作不良的状况，开到 4S 店进行检测维修。请根据车主描述的情况，结合相关知识具体分析问题所在，给出解决办法。

相关知识

一、汽车中控门锁的工作原理

现代汽车为了提高使用的便利性和行车的安全性，一般都安装有中控门锁。中控门锁是利用电动机驱动门锁机构实现控制车门开关，其主要由门锁开关、门锁执行机构、门锁控制器组成。

1. 门锁开关

大多数中控门锁的开关由总开关和分开关组成，总开关装在驾驶员身旁的车门上，总开关可将全车所有车门锁住或打开；分开关装在其他各车门上，可单独控制一个车门，如图 2-2-1 所示。

(a) 驾驶员位置的总控开关　　　　　　　　(b) 中控门锁开关

图 2-2-1　中控门锁开关

2. 门锁执行机构（又称闭锁器）

门锁执行机构受门锁控制器的控制，执行门锁的锁定和开启任务，如图 2-2-2 所示。

3. 门锁控制器

门锁控制器为门锁执行机构提供脉冲电流，通过控制执行机构通电电流方向，实现门锁的开启和锁定，如图 2-2-3 所示。

图 2-2-2　门锁执行机构

图 2-2-3　门锁控制器

二、中控门锁系统的功能

中控门锁系统一般可以实现以下具体控制功能。

1. 中央控制

当驾驶员锁住其身边的车门时，其他车门也同时锁住，驾驶员可通过门锁开关同时打开各个车门，也可单独打开某个车门。

2. 速度控制

当行车速度达到预定速度时，各个车门可以自行锁上，防止行车过程中驾乘人员误操作导致车门打开，发生危险。

3. 单独控制

除在驾驶员身边车门以外，还在其他车门设置单独的开关，可以单独控制一个车门的打开和锁止。

三、汽车中控门锁的检查

（1）检查人员手拿汽车遥控钥匙，站在车外大约 1m 处，用遥控钥匙打开和关闭车门，查看车辆有无明显的声音和灯光指示。同时，用手来操作车门把手开关，检查能否打开车门。

（2）检查人员手拿汽车遥控钥匙，站在车后大约 1m 处，用遥控钥匙打开后备厢，检查车辆后备厢开启情况。

（3）检查人员进入车内，坐在驾驶员位置，用手来操控车内中控门锁控制开关，检查车辆有无明显的声音和灯光指示，如图 2-2-4 所示。同时，用手来操作车辆门锁开关，看能否打开车门，同时提醒同伴检查后备厢的开启情况。

四、驾驶室内中控台的布置与操作

根据实际使用需要，目前大部分汽车驾驶室内中控台的布置基本相似。中控台包括娱乐单元的控制、空调的控制以及其他辅助控制等，如图 2-2-5 所示。

图 2-2-4 使用驾驶室内中控门锁按钮
对车辆进行解锁操作

图 2-2-5 驾驶室内中控台
的控制分类

1. 娱乐单元的控制

目前大部分汽车在中控台上部设置有娱乐单元，其中包括收音机、CD/DVD、蓝牙连接、导航等。针对具体的操控方法，一般都有特定的标识指示以及相应的文字说明等。以手动经济型科鲁兹轿车配置为例，操作按钮位置如图 2-2-6 所示，具体按钮操作、功能见表 2-2-1。

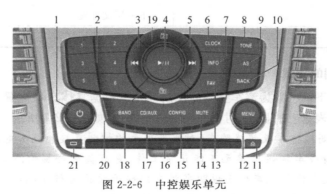

图 2-2-6 中控娱乐单元

表 2-2-1　驾驶室内中控娱乐单元的控制

标号	按钮	操作方法	功能说明
1	O 形按钮	按住	打开或关闭信息娱乐系统
		旋转	调节音量大小
2	数字按钮 1~6	长按	保存电台
		短按	选择预存电台
3	向后搜索	长按	CD/MP3 向后搜索
		间歇按动	CD/MP3 向后一曲
4	CD/MP3	点动	暂停/播放
5	向前搜索	长按	CD/MP3 向前搜索
		间歇按动	CD/MP3 向前一曲
6	CLOCK		日期和时间设置快捷键
7	INFO	点动	信息显示
8	TONE	点动	音调菜单
9	AS	点动	自动记忆水平
10	BACK	点动	菜单回退一级
11	CD 弹出	点动	CD 光盘弹出
12	MENU	点动	选择/启用标记选项;打开/关闭功能
		旋转	标记菜单选项或设置数值
13	FAV		收藏列表
14	MUTE	点动	开启/关闭静音功能
15	CONFIG	点动	打开设置菜单
16			CD 装载槽
17	CD/AUX	点动	开启 CD/MP3 回放或改变音源
18	BAND	点动	启用收音机或改变波段
19			上一层文件夹
20			下一层文件夹
21			光盘插入指示灯

2. 汽车空调的控制

汽车中控台下部一般为汽车空调的控制部位。根据具体车型配置,可以根据操作按键上的图示或仪表盘上的显示,对汽车空调进行操作,如图 2-2-7 所示。

注意:一些高级轿车或超级跑车,对娱乐单元的控制直接和汽车电脑相关联,如果操作不当,有可能造成车辆娱乐单元不能正常工作,更有甚者会影响汽车的正常使用。所以,提醒大家一定要依据汽车使用说明书对车内娱乐设施进行正确的操作。出现娱乐单元锁死或汽车行车电脑故障等问题,一定要及时到 4S 店进行处理。

图 2-2-7　驾驶室内空调的手动与自动控制

任务实施

（1）中控门锁的检查项目具体如何实施？

（2）查手册，按步骤检查中央控制面板部位各个项目是否能够正常工作。

中控门锁及控
制面板的检查

（3）在教师的指导下，以小组为单位完成一侧车门内衬板的拆卸，同时进行中控门锁的检查与更换，然后依次列出具体的操作步骤，以及实际检查结果。

反馈与评价

根据学生在本任务实施期间的表现进行评价，按照自己评价、小组评价及教师评价完成表 2-2-2。

表 2-2-2　任务评价表

班级　　　　　组别　　　　　学生姓名

考核项目	评分标准		评价等级		
			A	B	C
个人素质	遵守纪律，服从安排				
	学习积极，主动参与				
	仪表整洁，穿工装实习				
专业能力	任务方案				
	操作过程	检修前的准备			
		中控门锁的检查方法			
		中控门锁的故障分析			
	工作页的填写				

续表

考核项目	评分标准	评价等级		
		A	B	C
社会能力	团结协作、相互帮助			
	表达、沟通能力			
	严格按 5S 管理进行			
小组评价				
教师评价				

任务 3　组合开关的使用

 学习目标

(1) 能够正确使用车内各个组合开关。
(2) 能按要求对各个组合开关进行功能检查。

任务描述

一位客户刚拿到驾驶证,就去 4S 店里提了一辆早已定好的汽车,但由于驾考车辆与实际购买汽车不同,故对该车各组合开关的使用不是很了解。请你以 4S 店销售顾问的身份对该车主进行车辆使用前的简短有效的培训。

相关知识

一、组合开关的功能

汽车组合开关是汽车电器开关的一类集合装置,是汽车电器开关随着时代发展、技术进步衍生出的产物,主要是为了方便驾驶员在驾车过程中能够快速有效地开关和控制相关功能,保证驾驶的安全性。

二、常见车内开关的种类

汽车的组合开关可以从功能性和结构性两方面进行分类。
(1) 按功能性,组合开关可以分为驾驶操作功能开关,报警信号功能开关,灯光系统

功能开关,刮水器系统功能开关,空调冷却系统功能开关,门窗、门锁系统功能开关等。

（2）按机械结构,组合开关可以分为推拉式、旋转式、顶杆式、跷板式、按钮式、扳柄式、电子式等。

三、汽车常见组合开关的使用与检查

1. 转向柱开关

目前汽车上常见的转向柱开关按照使用功能常用于控制转向灯、停车灯、远近光灯、刮水器等。特别是现代汽车随着使用功能的增加,在原转向柱开关上还可能具有音响控制、定速巡航等功能,如图 2-3-1 所示。

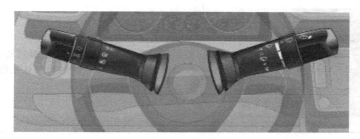

图 2-3-1　转向柱开关

现以一款简单的转向组合灯光控制开关为例,说明组合开关的控制方式,具体操作说明见表 2-3-1。

表 2-3-1　转向柱开关控制说明

组合开关位置图示	功 能 说 明
	汽车灯光系统处于关闭状态,前照灯、示宽灯及相关仪表指示灯处于熄灭状态
	汽车灯光系统处于打开状态,示宽灯、牌照灯及相关仪表指示灯处于点亮状态

续表

组合开关位置图示	功能说明
	汽车灯光系统处于打开状态,示宽灯、牌照灯、前照灯及相关仪表指示灯处于点亮状态
	前后拨动开关控制杆,可以控制远近光的切换;上下拨动开关控制杆,可以控制转向灯光的开启和关闭

2. 大灯开关

目前汽车对于大灯控制的组合开关一般按功能分为小灯挡和大灯挡。小灯挡可以控制前后行车灯、示宽灯、牌照灯、面板背光等;大灯挡可以控制远光灯、近光灯及小灯挡全部功能。部分装有光照传感器的车辆还设有自动挡,可以根据外界实际环境自动控制灯光的开启和关闭,如图 2-3-2 所示。

图 2-3-2　灯光控制开关

现以通用科鲁兹的组合灯光照明控制开关为例,说明组合开关的控制方式,具体开关的控制功能见表 2-3-2。

表 2-3-2　灯光开关的控制

灯光控制	说　明	现　象
灯光关闭	将灯光开关置于 O 位置	所有灯光熄灭
小灯点亮	将灯光开关置于 ⋛⊙⋚ 位置	示宽灯、牌照灯点亮

续表

灯光控制	说　明	现　象
前照灯控制	将灯光开关置于 ≣D 位置	前照灯同时点亮
前雾灯控制	将灯光开关置于 ≣D 位置时，同时按下 ≢D 开关	前雾灯点亮
后雾灯控制	将灯光开关置于 ≣D 位置时，同时按下 ()≢ 开关	后雾灯与前雾灯同时点亮

3. 电动车窗玻璃开关

汽车上使用的电动车窗开关可以控制电动升降机来完成车门玻璃的升降，如图 2-3-3 所示。

图 2-3-3　汽车车窗控制开关

1—主控开关；2—分控开关；3—独立分控开关

在电动车窗主控开关 1 未锁闭的情况下，主控开关上的分控开关 2 及其他车门的独立控制开关 3 可以自由控制各车门门窗玻璃的升降，但一旦主控开关锁闭，则所有门窗的升降同时锁闭，不再受各开关的控制。

4. 电动后视镜开关

科鲁兹轿车的电动后视镜开关安装在主驾驶车窗控制键前方，为旋钮开关，如图 2-3-4 所示。当旋钮向左（L）或向右（R）转，可以选择左侧或右侧的车外后视镜，向左、右、上或下推控制钮来调节后视镜位置。当旋钮于位置 O 时，开关处于关闭状态，此时不能用来调节后视镜。

5. 前挡风玻璃刮水器开关

一般车辆的前挡风玻璃刮水器开关可以实现刮水器的慢速、中速、快速运动，以及自清洁功能，如图 2-3-5 所示。具体操作如下。

图 2-3-4　电动后视镜开关　　　　图 2-3-5　刮水器控制开关

旋转挡杆至 1 时为慢速,旋至 2 时为快速。当旋至 时,可通过挡杆后部调节刮水时间间隔。当旋至 O 时,关闭系统。

在挡风玻璃刮水器关闭时,通过下压控制杆可以实现刮水器的单次工作。

四、汽车组合开关使用中的常见问题

在使用汽车各类组合开关前,驾驶人员一定要看清各个开关的具体标识,明确各开关的作用及操作方法,用力适度,不强拧强按,以免造成各组成部件的损坏。

根据设计方法及理念的不同,汽车组合开关有些部分可能直接用来驱动用电设备,有些则会通过一些安全保护电路进而控制相关用电设备。故在正常的使用过程中,除了用电设备的自身问题以外,可能由于组合开关自身接触点的机械磨损、电气烧蚀等原因,或由于电路中的保险丝、继电器等损坏而表现出不同的故障现象。针对这些问题,就需要维修人员在检查维修过程中,按照一定的顺序逐项检查,以保证能够准确确定故障点,方便后续维修。

任务实施

(1) 通过查阅车辆使用说明书,明确车内各组合开关的位置及具体的操作方法。

(2) 小组配合检查汽车驾驶室内各组合开关能否正常工作。

(3) 在教师的指导下,查阅维修手册,对各组合开关可能出现的故障进行列举说明,并确定是开关自身问题、线路问题或用电设备问题。

反馈与评价

根据学生在本任务实施期间的表现进行评价,按照自己评价、小组评价及教师评价完成表 2-3-3。

表 2-3-3　任务评价表

班级　　　　　　组别　　　　　　学生姓名

考核项目	评 分 标 准		评价等级		
			A	B	C
个人素质	遵守纪律,服从安排				
	学习积极,主动参与				
	仪表整洁,穿工装实习				
专业能力	任务方案				
	操作过程	拆卸前的准备			
		组合开关的检查项目			
		确定组合开关的故障所在			
	工作页的填写				

续表

考核项目	评分标准	评价等级		
		A	B	C
社会能力	团结协作、相互帮助			
	表达、沟通能力			
	严格按 5S 管理进行			
小组评价				
教师评价				

任务 4 车内灯光的维护

学习目标

（1）能快速准确找到并正确使用车内灯光开关。

（2）能按要求检查车内各处灯光能否正常工作。

（3）根据实际检查结果能够给出合理化建议并进行正确的维修。

任务描述

一位汽车车主在夜间使用车内灯光时，发现车内前排一侧灯光不亮，于是第二天便将车开到 4S 店进行维修。请你作为 4S 店的维修人员对该车做出检查并进行维修。

相关知识

一、车内灯光的分类及作用

现代汽车的内部灯具配备有顶灯、阅读灯、后备厢灯、门灯、踏步灯、仪表照明灯、工作灯、仪表报警灯以及指示灯。

1. 顶灯

汽车内部顶灯除可以用作汽车室内照明外，还可兼起验证车门是否可靠关闭的作用。只要开关处于正确挡位，一旦车门关闭不紧，顶灯就会发亮，提醒驾乘人员注意，如图 2-4-1 所示。

图 2-4-1　驾驶室内顶灯

2. 阅读灯

阅读灯安装在乘员席前部或顶部，主要用于乘车人员照明。一般情况下照明范围比较小，不会影响驾驶员正常操作，如图 2-4-2 所示。

图 2-4-2　驾驶室内阅读灯

3. 后备厢灯

后备厢灯安装在轿车后备厢或客车行李厢内，如图 2-4-3 所示。当开启车辆后备厢或行李厢盖时，该灯自动点亮，方便人们取放物品。

图 2-4-3　后备厢灯

4. 门灯

门灯安装在轿车车门内侧底部,一般光色为红色,如图 2-4-4 所示。当车辆在夜间停车开启车门时,门灯亮,以提示后面行人、车辆注意避让。

5. 仪表照明灯

仪表照明灯安装在仪表板里面,用来照明仪表指针及刻度盘,如图 2-4-5 所示。目前,由于 LED 技术的广泛使用,汽车仪表照明灯多采用 LED 照明,有些汽车仪表照明灯的发光强度还可以进行调节,以满足驾驶人员的不同需要。

图 2-4-4　门灯　　　　　　　　　　　图 2-4-5　仪表照明指示灯

6. 仪表报警灯及指示灯

车上常用的报警和指示灯有发动机故障报警灯、制动系统故障报警灯、机油压力过低报警灯、安全带未系报警灯、充电指示灯、转向指示灯、远光指示灯、雾灯指示灯等。报警灯一般为红色、黄色,指示灯一般为绿色或蓝色。汽车上的仪表报警灯样式和作用见表 2-4-1。

表 2-4-1　仪表报警灯样式说明表

仪表显示灯	名　称	颜　色	说　明
⊰OO⊱	前照明指示灯	绿色	提示车辆前照灯状态
⧫D	远光照明指示灯	蓝色	提示车辆远光照明灯状态
⫫D	前雾灯照明指示灯	绿色	提示车辆前雾灯状态
⇦⇨	左右转向指示灯	绿色	提示车辆转向状态或危险警报灯指示
D⫴	后雾灯指示灯	黄色	提示车辆后雾灯状态
🚗	车门未关指示灯	红色	提示车门处于未关闭状态
🔔	安全带未系指示灯	红色	提示驾驶员或副驾驶员未系安全带
🛢	机油压力指示灯	红色	提示车辆机油压力
🌡	水温报警指示灯	黄色(或红色)	提示车辆水温过高
🔐	发动机电子防盗指示灯	黄色(或红色)	提示车辆电子防盗系统工作状况
(ABS)	ABS 系统指示灯	黄色(或红色)	提示车辆 ABS 系统工作状况
⛽	燃油液位低指示灯	黄色(或红色)	提示车辆燃油量状况

仪表显示灯	名　称	颜　色	说　明
 发动机故障指示灯图标	发动机故障指示灯	黄色（或红色）	提示车辆发动机故障
制动系统警告灯图标	制动系统警告灯	红色	提示车辆制动系统故障
电瓶故障警告指示灯图标	电瓶故障警告指示灯	红色	提示车辆充电系统故障

二、车内灯光的检查方法

对于汽车驾驶室内及后备厢内的灯光检查，可以按照从前到后，从简单到复杂的顺序依次检查。一般来说，对室内灯光的控制可以分为直接控制和间接控制，即可以通过独立开关对室内灯光进行直接控制和通过门控开关对它们进行间接控制。所以，对室内灯光的检查也必须进行这两项检查。

1. 检查前排顶灯

以科鲁兹轿车为例，如图 2-4-6 所示，前排顶灯有两个光源，可以分别开启一侧灯光或同时开启两侧灯光。当车门打开时，如果此时两个开关处于打开状态，则两个光源被点亮，满足前排驾乘人员的照明需要。

图 2-4-6　前排顶灯熄灭状态及点亮状态

2. 检查后排阅读灯

工作人员打开车门，坐在后排位置，按动后排阅读灯开关至一挡位，如图 2-4-7 所示。此位置时，无论任一车门打开或是关闭，车内灯光均应熄灭。

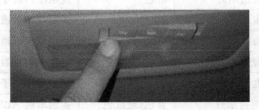

图 2-4-7　顶灯检查（一挡位）

按动开关至二挡位置,如图 2-4-8 所示,再次观察顶灯情况。此时,车内灯光在任何一个车门打开时点亮,在所有车门完全关闭时熄灭。

图 2-4-8　顶灯检查(二挡位)

按动开关至三挡位置,如图 2-4-9 所示,观察顶灯情况。此时,无论车门关闭与否,灯光常亮,为正常。

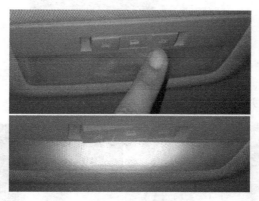

图 2-4-9　顶灯检查(三挡位)

3. 检查仪表照明灯、警示灯

仪表照明灯及各警示灯都在仪表板上。一般情况在驾驶员插入汽车钥匙并打开电源开关后,汽车电脑会进行系统自检,同时仪表板上的主要警示灯会点亮(包括电源指示灯,机油压力警告灯,ABS 警告灯,安全带、安全气囊警告灯,电脑故障警告灯等)。在系统自检没有问题后,各警告灯会自动熄灭,或在正常着车起动后自动熄灭。如果发现某警告灯或电脑故障警告灯常亮,就需要对相关系统进行详细检查及对应的维修,这样才能保证在驾驶过程中的安全。

根据不同汽车的设计,正常的仪表照明灯开关位于驾驶员左侧仪表板下,或方向盘左侧组合开关处,如图 2-4-10 所示。当车辆近光灯开启时,才可以通过调节旋钮调节仪表照明灯的强弱。

图 2-4-10　仪表照明灯开关位置

4. 后备厢照明灯的检查

后备厢照明灯的起动开关与后备厢锁联动,只要后备厢被打开,后备厢内照明灯就应该被点亮。如果发现照明灯不亮,就需要进一步检查,并进行相应处理。

三、车内灯具的更换

车内照明灯光的常见故障,一般为灯泡本身故障或控制线路中的保险损坏。对于此类问题,可以采取更换灯泡或更换专用保险的方法来解决,具体操作如下。

选用合适的工具,从灯罩边缘处小心撬动,直至整个灯罩松动并可以取下,如图 2-4-11 所示。

图 2-4-11　拆卸灯罩

取下损坏的灯泡,并更换新灯泡,如图 2-4-12 所示。

图 2-4-12　更换新灯泡

装回灯罩后检查,灯泡正常点亮,灯泡损坏故障维修完毕。

注意:在维修更换过程中,一定要小心谨慎,不用蛮力,避免损坏各灯具外壳或相应的连接部位。

任务实施

(1)检查驾驶室内灯光作业前有哪些准备工作?

(2)根据具体车型,写出驾驶室内灯光检查的步骤。

(3)在教师的指导下,以小组为单位通过查阅相关资料,列出检查、维修驾驶室内灯光的流程图。

反馈与评价

　　根据学生在本任务实施期间的表现进行评价,按照自己评价、小组评价及教师评价完成表 2-4-2。

表 2-4-2　任务评价表

班级　　　　　　组别　　　　　　学生姓名

考核项目	评 分 标 准		评价等级		
			A	B	C
个人素质	遵守纪律,服从安排				
	学习积极,主动参与				
	仪表整洁,穿工装实习				
专业能力	任务方案				
	操作过程	灯光检查前的准备			
		前排灯光的检查			
		后排灯光的检查			
		后备厢灯光的检查			
	工作页的填写				
社会能力	团结协作、相互帮助				
	表达、沟通能力				
	严格按 5S 管理进行				
小组评价					
教师评价					

项目三

汽车底盘的维护

汽车底盘的维护包括汽车变速箱油的更换、轮胎的检查与换位、盘式与鼓式制动器的维护、制动液的更换和汽车悬架系统的检查与维护五个任务。通过这五个任务的学习,可以使学生对行车安全有初步的认识,并且能够掌握一些底盘维护的基本技能。

任务 1　变速箱油的更换

 学习目标

(1) 能说出变速箱油的作用。
(2) 能按要求检查手动变速箱油,判断是否需要更换。
(3) 能规范地更换手动变速箱油。

任务描述

一辆科鲁兹汽车到汽车修理厂进行维修,车主反映挂挡、换挡时不够顺畅,行驶里程 10×10^4 km,怀疑是变速箱油需要更换,请你对变速箱油进行检查,确定是否需要更换,如需更换,请规范操作。

相关知识

一、变速箱油的作用

变速箱油是保持换挡系统润滑、清洁的油类用品,能起到保证变速箱正常工作并延长传动装置寿命的作用,具有抗低温的特点,在低温时也能进行良好的润滑。根据变速箱结

构的不同,变速箱油可分为自动变速箱油和手动变速箱油。

二、手动变速箱油的检查

1. 渗漏检查

检查各区域的渗漏情况,如图 3-1-1 所示。

(1)加油口塞和排放塞处。

(2)轴和拉索伸出的区域。

(3)油封处。

(4)变速箱接触面处。

图 3-1-1　渗漏情况的检查

2. 检查油质情况

(1)可松开排放塞,用专用容器接下部分油液,观察排出油液的情况,是否存在异味,油液是否浑浊。

(2)用手指触摸油液,油液中不应存在细小的金属颗粒,如果油液有变质情况,应进行更换。

由于科鲁兹的变速箱没有排放塞,放油时是将整个底壳拆下,所以检查油质时可从加注孔用手指触摸油液,观察油质。加注孔的位置如图 3-1-2 所示。

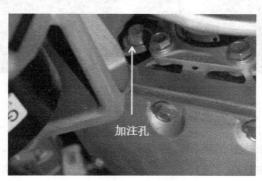

加注孔

图 3-1-2　变速箱油加注孔位置

3. 检查手动变速箱油液的油位

（1）通过拆卸加油口塞检查变速箱油位。将加油口塞拆下后油会流出来,说明手动变速箱油位正常。拆卸加油口塞,如图 3-1-3 所示。

（2）用手指检查液位。拆下加油口塞后,将手指插入塞孔内,检查油与手指接触的位置,如图 3-1-4 所示。如果检查到油位低于规定要求,则应从加油口塞处添加油液。

图 3-1-3 拆卸加油口塞

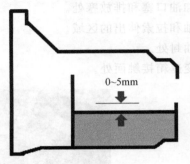

图 3-1-4 检查液位

三、手动变速箱油的更换

1. 拆卸步骤

（1）举升并支撑车辆。

（2）拆下加油口塞,如图 3-1-3 所示,确保变速箱油可以顺利流出。

（3）拆下离合器和差速器壳体盖螺栓,并排空变速箱,如图 3-1-5 所示。

警告:变速箱油温度很高,当变速箱油排出时必须小心,以免造成人身伤害。

图 3-1-5 拆下壳体盖螺栓

2. 安装步骤

（1）安装离合器和差速器壳体盖螺栓并将其紧固至 30N·m,如图 3-1-6 所示。

（2）加注变速箱油直到其渗出油位检查孔塞(即加油口塞),如图 3-1-7 所示。加油工具如图 3-1-8 所示。

图 3-1-6　安装壳体盖螺栓

图 3-1-7　变速器油渗出油位检查孔塞

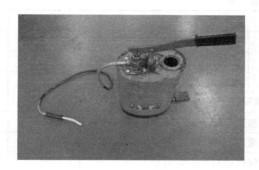

图 3-1-8　变速箱油加注工具

（3）安装新的变速箱加油螺塞并紧固至 6N·m＋45°。

（4）降下车辆。

（5）操作完毕，整理工具和设备，清洁场地。

任务实施

（1）科鲁兹保养手册上标明变速箱油的牌号为 EDS-M-8049，请查找相关资料解释此牌号的含义。

（2）在教师的指导下，以小组为单位完成变速箱油的检查与更换，并填写表 3-1-1。

更换变速箱油

表 3-1-1　变速箱油的检查与更换记录表

检查项目	检查结果	结论（是否更换等）
各区域渗漏情况		
油质情况		
液位是否正常		

反馈与评价

根据学生在本任务实施期间的表现进行评价，按照自己评价、小组评价及教师评价完成表 3-1-2。

表 3-1-2　任务评价表

班级　　　　　组别　　　　　学生姓名

考核项目	评分标准		评价等级		
			A	B	C
个人素质	遵守纪律，服从安排				
	学习积极，主动参与				
	仪表整洁，穿工装实习				
专业能力	任务方案				
	操作过程	变速箱油的检查			
		变速箱油的更换（拆卸程序）			
		变速箱油的更换（安装程序）			
	工作页的填写				
社会能力	团结协作、相互帮助				
	表达、沟通能力				
	严格按 5S 管理进行				
小组评价					
教师评价					

知识拓展

自动变速箱油

自动变速箱油简称 ATF（Automatic Transmission Fluid），是专门用于自动变速器的专用油。早期的自动变速箱没有专用油，而是用发动机油代替。由于工作状况和技术要求差异很大，所以发动机油作为自动变速箱油很快被淘汰。如今使用的自动变速箱专用油既是液力变矩器的传动油，又是行星齿轮结构的润滑油和换挡装置的液压油。自动变速箱油一般正常行驶情况每 12×10^4 km 更换一次，恶劣行驶情况每 6×10^4 km 更换一次。

自动变速箱油不能利用大气压力完全排放干净，只能排放出废油量的 1/2 左右，残余的油液会与油泥、杂质等聚集在阀体、变矩器及冷却管路中，造成系统内部油路的堵塞。超过 99％ 的自动变速箱的失效均是由于过热和 ATF 长时间未更换，出现杂质而引起的。

需要注意的是，频繁更换变速箱油有时也会适得其反，要适时更换。

如果不做大修，更换自动变速箱油有两种方式：一种是通过重力作用把油放掉，换油率大概为 40％，其原理和更换机油相同，一个容量 8L 的变速箱能换 3L 到 4L；另一种是利用机器产生压力，把变扭器的润滑油管和散热油管里的油进行动态更换，换油率可以达到 80％ 以上，操作过程简单、换油彻底。

使用专用设备换油法，利用设备产生的压力，把变速箱的润滑油管和散热油管里的油进行动态更换，这种方法整个过程耗费时间较长，约需 1h，但优点是换油比较彻底，能够放掉 80％ 以上的旧油液，而且可以把自动变速箱内部的油垢和金属屑清洗干净。

任务 2　轮胎的检查与换位

学习目标

（1）了解轮胎的重要性。
（2）能说出轮胎标识所代表的含义。
（3）能规范地对轮胎进行维护和更换。

任务描述

一位车主需要长距离驾车行驶，为了行驶安全，到汽车修理厂进行车辆情况检查，检查重要内容之一便是轮胎，请你规范地对轮胎进行维护。

相关知识

一、轮胎的功能

轮胎（见图 3-2-1）是汽车最重要的组成部件之一，它的作用主要有支撑车辆的全部质量，承受汽车的负荷；传送牵引和制动的扭力，保证车轮与路面的附着力；减轻和吸收汽车在行驶时的震动和冲击力，防止汽车零部件受到剧烈震动和早期损坏；适应车辆的高速性能并降低行驶时的噪声，保证行驶的安全性、操纵的稳定性、舒适性和节能经济性。

二、轮胎的分类

轮胎按照结构设计分为斜交线轮胎和子午线轮胎两类。

图 3-2-1　轮胎

子午线轮胎与斜交线轮胎的根本区别在于胎体。斜交线轮胎的胎体是斜线交叉的帘布层,而子午线轮胎的胎体是聚合物多层交叉材质,其顶层是数层由钢丝编成的钢带帘布,可减少轮胎被异物刺破的概率。

斜交线轮胎的帘线按斜线交叉排列,故而得名。特点是胎面和胎侧的强度大,但胎侧刚度较大,舒适性差,由于高速时帘布层间移动与摩擦大,所以并不适合高速行驶。随着子午线轮胎的不断改进,斜交线轮胎已经基本被淘汰。

子午线轮胎本身具有的特点使轮胎无内胎成为可能。无内胎轮胎有一个显著的优点,即当轮胎被扎破后,不像有内胎的斜交线轮胎那样爆裂(这是非常危险的),而是使轮胎能在一段时间内保持气压,提高了汽车的行驶安全性。另外,和斜交线轮胎相比子午线轮胎还有更好的抓地性。

子午线轮胎弹性大,耐磨性好,滚动阻力小,附着性能好,缓冲性能好,承载能力大,不易刺穿。缺点是胎侧易裂口,由于侧向变形大,导致汽车侧向稳定性稍差,制造技术要求高,成本较高。

三、轮胎的规格

图 3-2-2 所示轮胎标识为 205/65 R15 94V,具体含义如下。

图 3-2-2　轮胎标识

205:胎面宽(mm)。

65:扁平比(胎高/胎宽,65 指 65%)。

R:子午线结构。

15:钢圈直径(in)。

94:载重指数(表示最大载荷为 670kg,从表 3-2-1 查得)。

V:速度代号(表示最高安全时速是 240km/h)。

速度代号最高时速(km/h)表示方法如下。

C:60,D:65,E:70,F:80,G:90,J:100,K:110,L:120,M:130,N:140,P:150,Q:160,R:170,S:180,T:190,U:200,H:210,V:240,W:270,Y:300。表 3-2-1 为轮胎常用载重指数与载质量对照。

表 3-2-1　轮胎常用载重指数对照表

指数	载质量/kg	指数	载质量/kg	指数	载质量/kg
70	335	84	500	98	750
71	345	85	515	99	775
72	355	86	530	100	800
73	365	87	545	101	825
74	375	88	560	102	850
75	387	89	580	103	875
76	400	90	600	104	900
77	412	91	615	105	925
78	425	92	630	106	950
79	437	93	650	107	975
80	450	94	670	108	1000
81	462	95	690	109	1030
82	475	96	710		
83	487	97	730		

四、轮胎的保养

1. 清除轮胎内异物

车辆在路上行驶时,经常会有一些石子挤进轮胎的花纹夹缝内,如图 3-2-3 所示,这些小石子如不及时清除就会刺破轮胎,导致漏气或爆胎。

图 3-2-3　轮胎内有异物

2. 检查轮胎花纹

雨季用胎花纹深度不能小于 1.6mm,最好在 3mm 以上,因为轮胎的花纹深度过浅则轮胎的排水能力下降,导致湿地抓地力下降,影响驾驶的安全性,尤其是后轮轮胎在转弯时可能出现侧滑或甩尾现象。轮胎磨损到磨耗标记处,必须予以调换,磨耗标记如图 3-2-4 所示。

图 3-2-4　轮胎磨耗标记

3. 检查轮胎是否有鼓包

轮胎鼓包是轮胎损坏中最常见的现象,如图 3-2-5 所示。引起鼓包的原因有很多,一般来说,轮胎鼓包现象的发生绝大部分是因为激烈冲击。轮胎泛起"鼓包",不但影响行车,并且有爆胎危险,是车辆行驶的重大隐患。因此,如果泛起"鼓包",一定要马上到正规的轮胎店里进行专业检测和替换。

图 3-2-5　轮胎鼓包

4. 检查胎压

轮胎胎压过低或过高,都会影响轮胎的使用寿命。如果轮胎气压过低,其径向变形增大,胎壁两侧变形过度,产生胎冠两肩磨损现象,行驶时轮胎的温度会升高,严重降低轮胎的使用寿命。如果轮胎气压过高,轮胎的刚性增大,变形和接地面积减小,使胎面中部的单位压力增大,磨损加剧,产生胎冠中央磨损现象,影响到舒适性并会降低轮胎使用寿命。

需要注意的是,测量胎压应该在冷车状态下,也就是车辆并未行驶,轮胎内空气温度与环境温度相同。如果经过不超过 1km 的短途行驶,轮胎内空气升温并不明显,也是可以的。但如果经过长途行驶,或者轮胎在太阳下暴晒,那么轮胎内空气的温度会增高,测量读数也就不准确了,应该将车停到阴凉处静置 1h 以上再测量。

乘用车的胎压标准一般都在 B 柱上,打开前排车门就能够看到,图 3-2-6 列出了空载和满载两种状态下的标准胎压。从图 3-2-6 以及综合其他方面的情况可以确定,大部分乘用车轮胎的标准胎压都在 210～280kPa 之间,如果没有参考标准值,就把胎压保持在 210～280kPa 之间,根据空载、满载情况适当调整。低于 210kPa 或高于 280kPa,则属于胎压过低或过高,应当立刻查明原因,纠正胎压。

胎压表从读数形式上分为机械式和数字式两种,使用操作方法相同。图 3-2-7 是以数字式胎压表为例,演示测量胎压的方法。将气嘴对准气门,听到"呲"的一声后松开,即可观察读数。

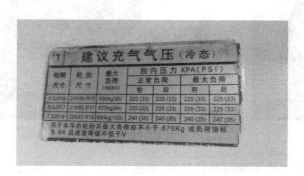

图 3-2-6 轮胎气压标识

图 3-2-7 测量轮胎胎压

5. 轮胎换位

要适时、适当地对车辆上的轮胎换位(坚持在车辆一级保养和二级保养时检查轮胎),保持轮胎的磨损均匀,延长使用寿命。外径稍大的轮胎应安装于外轮。

翻修后的轮胎不要安装在前轮;前轮尽量使用竖线条花纹的轮胎,后轮尽量选用横线条花纹的轮胎。

如果车辆在行驶中出现了跑偏、方向盘发沉以及轮胎单侧磨损等问题,都是在提醒车主需要立即对车辆进行四轮定位调整。车辆因打方向盘的缘故,前轮磨损速度比后轮快,为延长轮胎的使用寿命,定期进行轮胎换位,可使各轮胎磨损均匀。建议前轮驱动的车辆每行驶 8000km 做一次四轮换位。图 3-2-8 所示为轮胎换位的几种常见换法。

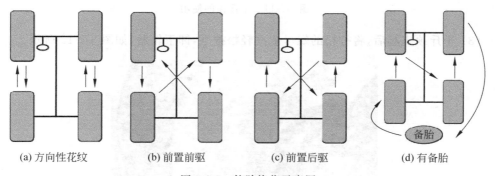

(a) 方向性花纹　　(b) 前置前驱　　(c) 前置后驱　　(d) 有备胎

图 3-2-8 轮胎换位示意图

轮胎拆卸与安装方法如下。

(1) 拆卸轮毂装饰盖(见图 3-2-9)并将固定车轮螺母拧松。拧松固定车轮螺母时要注意用力方向:逆时针方向为拧松;顺时针方向为拧紧,如图 3-2-10 所示。由于固定车轮的螺母拧得很紧,因此可以借助全身力量,向后使劲,避免螺母拧松后碰到头。

图 3-2-9　拆卸轮毂装饰盖

拧松方向

图 3-2-10　拆卸螺母用力方向

（2）逐个松开螺母后，使用千斤顶将车辆局部升起来，如图 3-2-11 所示。使用千斤顶时要注意：车底两侧均有放置千斤顶的卡槽，一定要将千斤顶放在卡槽内，避免发生意外。

图 3-2-11　千斤顶的使用

（3）千斤顶支起后，将拧松的螺母依次轻松拧下，卸下轮胎，如图 3-2-12 所示。

图 3-2-12　卸下轮胎

（4）安装轮胎（见图 3-2-13）的关键是将轮胎与车轮固定螺栓对齐，车升得太高，就要将轮胎举起，如果一个人操作建议用腿或脚顶住轮胎，防止位移。

图 3-2-13　安装轮胎

（5）在拧螺母时切忌不要按照顺时针或逆时针将螺母依次拧上，而是要按照对角线的顺序拧螺母。以图 3-2-14 为例，应按 1—2—3—4—5 的顺序拧上螺母，同时注意在拧螺母时最好每颗螺母拧的圈数保持一致，以保证螺母受力均匀。

图 3-2-14　螺母紧固顺序

（6）五颗螺母拧上后，移走千斤顶，使车辆重回地面，然后同拆卸轮胎时一样，依靠身体的力量按照对角线的顺序将每颗螺母拧紧。

任务实施

（1）查找实训用车轮胎型号标识，做记录并分析其代表的含义。

（2）对轮胎进行检查并记录在表 3-2-2 中。

检查与更换轮胎

表 3-2-2　检查情况登记表

检查项目	胎压 （是否正常）	花纹深度 （是否磨损到磨耗标记处）	是否有异物 （若有，清除）	是否需要换位
左前轮胎				
左后轮胎				
右后轮胎				
右前轮胎				

反馈与评价

根据学生在本任务实施期间的表现进行评价,按照自己评价、小组评价及教师评价完成表 3-2-3。

表 3-2-3　任务评价表

班级　　　　　组别　　　　学生姓名

考核项目	评 分 标 准		评价等级		
			A	B	C
个人素质	遵守纪律,服从安排				
	学习积极,主动参与				
	仪表整洁,穿工装实习				
专业能力	任务方案				
	操作过程	拆卸前的准备			
		轮胎的检查			
		轮胎的换位			
	工作页的填写				
社会能力	团结协作、相互帮助				
	表达、沟通能力				
	严格按 5S 管理进行				
小组评价					
教师评价					

知识拓展

轮胎动平衡

在车辆出厂装配时,都会做动平衡测试,目的是为了让车轮高速行驶时更平稳。汽车的车轮是由轮胎、轮毂组成的一个整体,由于制造上的原因,这个整体各部分的质量分布不可能非常均匀,当汽车车轮高速旋转起来后,出现车辆在行驶中车轮和方向盘抖动等现象。为了避免这种现象或是消除已经发生的这种现象,就要使车轮在动态情况下通过增加配重的方法,使车轮各边缘部分达到质量平衡。这个校正的过程就是动平衡。

汽车车轮的轮毂边缘,有一块或多块大小不等的小铅块,这些小铅块有的贴在轮毂内侧,有的卡在轮毂外侧,与各式各样漂亮的轮毂相比,这些小铅块好像有些不太美观,但正是这些小小的铅块,对汽车高速行驶的稳定性起着非常重要的作用。

任务3 盘式及鼓式制动器的维护

学习目标

（1）了解盘式和鼓式制动器的结构、制动原理和制动特点。

（2）能说出盘式和鼓式制动器的检查项目。

（3）能规范地对盘式和鼓式制动器进行检查维护。

任务描述

一辆汽车到修理厂进行维修，据车主反映制动不够灵敏，刹车踏板自由行程长，请你对制动器进行详细的检查与维护。

相关知识

一、盘式制动器

盘式制动器中的旋转元件是一个端面工作的金属圆盘，称为制动盘。摩擦元件从两侧夹紧制动盘而产生制动。盘式制动器分为钳盘式和全盘式两类。钳盘式制动器按制动钳的结构形式可分为定钳盘式和浮钳盘式两种，浮钳盘式制动器在现代轿车上应用较多，如图3-3-1所示。

图3-3-1 浮钳盘式制动器

1. 浮钳盘式制动器

浮钳盘式制动器的制动钳是浮动的，可以相对于制动盘轴向移动。图3-3-2所示为浮钳盘式制动器的结构示意图。

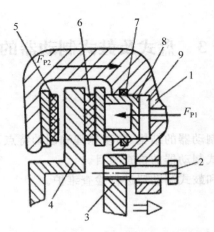

图 3-3-2　浮钳盘式制动器的结构示意图

1—制动钳；2—导向销；3—车桥；4—制动盘；5—固定制动块；
6—制动块；7—放气螺母；8—活塞；9—液压油缸

制动钳一般设计成可以相对于制动盘轴向移动。在制动盘的内侧设有液压油缸，外侧的固定制动块附装在钳体上。制动时，制动液被压入油缸中，在液压作用下活塞向左移动，推动活动制动块也向左移动并压靠到制动盘上，于是制动盘给活塞一个向右的反作用力，使活塞连同制动钳体整体沿导向销向右移动，直到制动盘左侧的固定制动块也压到制动盘上。这时两侧制动块都压在制动盘上，制动块夹紧制动盘，产生阻止车轮转动的摩擦力矩，实现制动。

2. 盘式制动器的特点

（1）热稳定性较好。因为制动摩擦衬块的尺寸不长，其工作表面的面积仅为制动盘面积的 6%～12%，故散热性较好。

（2）水稳定性较好。因为制动衬块对盘的单位压力较高，易将水挤出，同时在离心力的作用下沾水后也易于甩掉，再加上衬块对盘的擦拭作用，因此，出水后只需经过一、二次制动即能恢复正常；而鼓式制动器则需经过十余次制动方能恢复正常制动效能。

（3）制动力矩与汽车前进和后退行驶无关。

（4）在输出同样大小的制动力矩的条件下，盘式制动器的质量和尺寸比鼓式要小。

（5）盘式制动器的摩擦衬块比鼓式的摩擦衬片在磨损后更易更换，结构也较简单，维修保养容易。

（6）制动盘与摩擦衬块间的间隙小（0.05～0.15mm），这就缩短了油缸活塞的操作时间，并使制动驱动机构的力传动比有增大的可能。

（7）制动盘的热膨胀不会像制动鼓热膨胀那样引起制动踏板行程损失，这也使间隙自动调整装置的设计可以简化。

盘式制动器也有自己的缺陷，例如对制动器和制动管路的制造要求较高，摩擦片的耗损量较大、成本较高，而且由于摩擦片的面积较小，相对摩擦的工作面也较小，需要的制动液压比较高，必须要有助力装置的车辆才能使用，故用于液压制动系统时所需制动促动管路压力较高，一般要用伺服装置。

3. 盘式制动器的检查与维修

（1）制动盘的磨损极限厚度为 8mm，厚度低于此标准时应该更换新配件。用螺旋测微器测量制动盘圆周上均匀的 4 个点或更多点的最小厚度，并确保仅在摩擦面内进行测量，如图 3-3-3 所示。

图 3-3-3　螺旋测微器测量制动盘厚度

（2）检查摩擦衬块厚度小于 2mm 时，必须更换摩擦衬块，且左、右轮必须成套更换（4 片摩擦片，4 片弹簧片）。用游标卡尺测量摩擦材料厚度，如图 3-3-4 所示。

（3）检查制动钳体，若发现有漏油，应更换新的活塞密封圈。

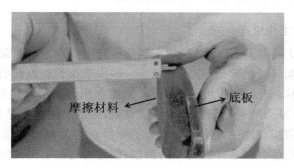

摩擦材料　　底板

图 3-3-4　摩擦片厚度测量

二、鼓式制动器

鼓式制动器是利用制动传动机构使制动蹄将制动摩擦片压紧在制动鼓内侧，从而产生制动力，根据需要使车轮减速或在最短的距离内停车，以确保行车安全，并保障汽车停放可靠不能自动滑移。鼓式制动器是利用制动蹄片挤压制动鼓而获得制动力的，可分为内张式和外束式两种。内张鼓式制动器（见图 3-3-5）是以制动鼓的内圆柱面为工作表面，在现代汽车上广泛使用，其结构组成如图 3-3-6 所示。外束鼓式制动器则是以制动鼓的外圆柱面为工作表面，目前只用作极少数汽车的驻车制动器。

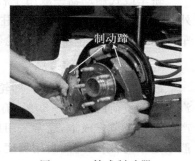

制动蹄

图 3-3-5　鼓式制动器

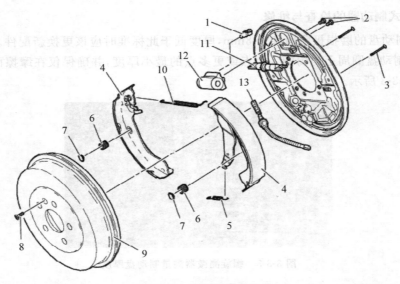

图 3-3-6　鼓式制动器组成

1—车轮制动分泵排气阀；2—车轮制动分泵安装螺栓；3—限位弹簧销；4—制动蹄；5—制动蹄回位弹簧；
6—制动蹄限位弹簧；7—制动蹄限位弹簧帽；8—制动鼓安装螺栓；9—制动鼓；10—调节弹簧；
11—调节器总成；12—车轮制动分泵；13—驻车制动器拉线

1. 鼓式制动器工作原理

在轿车制动鼓上一般只有一个轮缸，在制动时轮缸受到来自总泵液力后，轮缸两端活塞会同时顶向左右制动蹄的蹄端，作用力相等。但由于车轮是旋转的，制动鼓作用于制动蹄的压力左右不对称，造成自行增力或自行减力的作用，因此，业内将自行增力的一侧制动蹄称为领蹄，自行减力的一侧制动蹄称为从蹄，领蹄的摩擦力矩是从蹄的 2～2.5 倍，两制动蹄摩擦衬片的磨损程度也就不一样。为了保持良好的制动效率，制动蹄与制动鼓之间要有一个最佳间隙值。随着摩擦衬片的磨损，制动蹄与制动鼓之间的间隙增大，需要有一个调整间隙的机构。过去的鼓式制动器间隙需要人工调整，用塞尺调整间隙，改进之后的轿车鼓式制动器都是采用自动调整方式，摩擦衬片磨损后会自动调整与制动鼓的间隙。当间隙增大，制动蹄推出量超过一定范围时，调整间隙机构会将调整杆（棘爪）拉到与调整齿下一个齿接合的位置，从而增加连杆的长度，使制动蹄位置位移，恢复正常间隙。

轿车鼓式制动器一般用于后轮（前轮用盘式制动器）。鼓式制动器除了成本比较低之外，还有一个好处就是便于与驻车（停车）制动组合在一起，凡是后轮为鼓式制动器的轿车，其驻车制动器也组合在后轮制动器上。

2. 鼓式制动器的特点

鼓式制动器造价便宜。四轮轿车在制动过程中，由于惯性的作用，前轮的负荷通常占汽车全部负荷的 70%～80%，前轮制动力要比后轮大，后轮起辅助制动作用，因此轿车生产厂家为了节省成本，通常采用前盘后鼓的制动方式。不过对于重型车来说，由于车速一般不是很高，制动蹄的耐用程度也比盘式制动器高，因此许多重型车至今仍使用四轮鼓式的设计。

鼓式制动器的制动效能和散热性都要差许多。鼓式制动器的制动力稳定性较差,在不同路面上制动力变化很大,不易掌控。由于散热性能差,在制动过程中会聚集大量的热量,制动块和轮鼓在高温影响下较易发生极为复杂的变形,容易产生制动衰退和振抖现象,引起制动效能下降。另外,鼓式制动器在使用一段时间后,要定期调校制动蹄的空隙,甚至要把整个制动鼓拆出清理累积在内的制动粉。

3. 鼓式制动器的检查与维修

1) 检查制动蹄

一些鼓式制动器的背面提供了一个检查孔,可以通过这个孔查看制动蹄上还剩下多少摩擦材料。当摩擦材料已磨损到铆钉只剩下 0.8mm 长时,应立即更换制动蹄;如果摩擦材料是与后底板黏合在一起的,则当剩余的摩擦材料为 1.6mm 时,立即更换制动蹄。摩擦材料的厚度用游标卡尺测量,如图 3-3-7 所示。

图 3-3-7 制动蹄摩擦片厚度测量

2) 检查制动鼓

制动鼓中有时会磨损出很深的划痕,如果已经磨损的制动蹄使用时间过长,将摩擦材料固定在后部的铆钉会把鼓磨出凹槽,出现严重划痕的鼓有时可以通过重新打磨进行修复。盘式制动器具有最小允许厚度,而鼓式制动器具有最大允许直径。由于接触面位于鼓内,因此当从鼓式制动器中去除材料时,直径会变大。

检查制动系统

任务实施

按照操作步骤检查各制动器,并填写表 3-3-1。

表 3-3-1 制动器检查记录表

制动器位置	制动器类型	摩擦材料的厚度/mm	是否需要更换	备注
左前轮				
右前轮				
左后轮				
右后轮				

注:若是盘式制动器填写制动盘磨损情况,若是鼓式制动器填写制动鼓磨损情况。

反馈与评价

根据学生在本任务实施期间的表现进行评价,按照自己评价、小组评价及教师评价完成表 3-3-2。

表 3-3-2 任务评价表

班级＿＿＿＿＿ 组别＿＿＿＿＿ 学生姓名＿＿＿＿＿

考核项目	评 分 标 准		评价等级		
			A	B	C
个人素质	遵守纪律,服从安排				
	学习积极,主动参与				
	仪表整洁,穿工装实习				
专业能力	任务方案				
	操作过程	轮胎的拆卸			
		盘式、鼓式制动器的检查			
		轮胎的安装			
	工作页的填写				
社会能力	团结协作、相互帮助				
	表达、沟通能力				
	严格按 5S 管理进行				
小组评价					
教师评价					

知识拓展

电 子 手 刹

电子手刹是由电子控制方式实现停车制动的装置,其工作原理与机械式手刹相同,均是通过刹车盘与刹车片产生的摩擦力来达到控制停车制动的目的,只不过控制方式从机械式手刹拉杆变成了电子按钮,如图 3-3-8 所示。

机械式手刹采用钢丝拉线连接到后轮制动,然后通过钢丝拉线将拉力传动到制动器,从而实现驻车制动。机械式手刹工作性能非常可靠。

电子手刹的结构和机械式手刹没有本质上的区别,它只是在原有机械手刹的基础上把手刹操作杆变成了一个集成的操作按钮,添加了一个小的控制模块和一个执行电动机。

(a) 电子手刹

(b) 机械式手刹

图 3-3-8　电子手刹与机械式手刹

电子手刹比机械式手刹可靠性更高,另外电子手刹所产生的制动力比机械式手刹要大,操作起来电子手刹也更加方便。另外,电子手刹比机械式手刹节省了更多的空间,中央扶手箱处的空间得到了更多的释放(手刹一般在中间扶手箱附近)。

任务 4　制动液的更换

 学习目标

(1) 了解制动管路及制动液检查的重要性。
(2) 能够叙述制动管路检查的内容。
(3) 能够完成对制动系统的排气操作。

任务描述

车主张先生到汽车修理厂维修车辆,反映制动性能不良、发软、踏板低,请你对该车辆的制动系统进行检查维护。

相关知识

一、基本知识

1. 概述

汽车行车制动系统有多种类型,如机械式、气压式、液压式等。通常,现代轿车、轻型汽车多采用液压式行车制动系统,系统中以油液作为传力介质。图 3-4-1 所示为传统汽车液压制动系统简图。

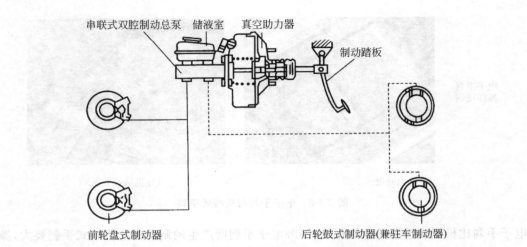

串联式双腔制动总泵　储液室　真空助力器

制动踏板

前轮盘式制动器

后轮鼓式制动器(兼驻车制动器)

图 3-4-1　汽车制动系统工作原理图

2. 制动管路及制动液检查的重要性

在汽车长期的使用过程中,由于制动总泵、制动分泵及油管路自然磨损或人为损伤,会出现漏油现象,应及时进行检修。制动盘的磨损及制动液的自然消耗,会引起制动液面下降,所以应及时补充添加制动液,保持至正常液面位置。如果制动液达到使用期限或汽车行驶里程,制动液效能便会降低,应更换制动液。只有进行必要的检查、添加或更换制动液,才能保证汽车液压制动系统的正常工作性能,提高行车的安全性。

3. 注意的事项

(1) 制动液有毒性或强腐蚀性,不可与皮肤、油漆接触。

(2) 制动液具有吸湿性,要存放在密封容器里。

(3) 液压制动系统的排气顺序为:右后、左后、右前、左前。

二、制动管路的检查

(1) 检查真空助力泵、制动总泵(前端)、油管(接口处)是否泄漏,管路是否有破损,储油罐有无裂纹,如图 3-4-2 所示。

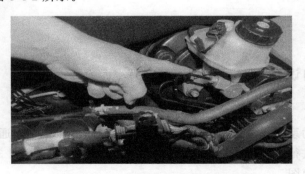

图 3-4-2　制动总泵、油管接口的检查

（2）将车辆举升至适当高度,将举升机锁止,检查各制动管路是否存在泄漏,油管与车身底板有无摩擦,是否有压痕等,如图 3-4-3 所示。

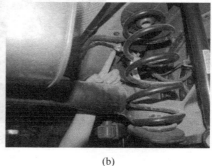

(a) (b)

图 3-4-3　检查油管与车身底板有无摩擦、压痕或泄漏

（3）检查制动管路软管是否老化、扭曲、裂纹、凸起或其他损坏,如图 3-4-4 所示。

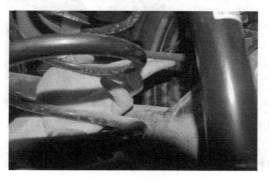

图 3-4-4　检查制动管路老化、损伤情况

（4）检查制动管路和软管的安装是否牢固,如图 3-4-5 所示。

图 3-4-5　检查制动管路和软管的安装情况

（5）检查制动分泵处是否存在泄漏（可通过制动底板上有无油渍进行判断）,如图 3-4-6 所示。

（6）摆动车轮,观察车轮内侧是否与制动管路发生摩擦或干涉,如图 3-4-7 所示。

图 3-4-6　检查制动分泵处有无泄漏

图 3-4-7　观察车轮内侧是否与制动管路发生摩擦或干涉

三、制动液的检查、更换与添加

（1）关闭点火开关，拔下安装在储液罐上的液位传感器的电插头，旋下储液罐盖。观察制动液的颜色，如变色应更换，如图 3-4-8 所示。

图 3-4-8　检查制动液颜色

（2）检查制动液面。检查储油罐内的制动液面是否正常。制动液面应位于储油罐上"MAX"与"MIN"刻度线之间，如图 3-4-9 所示。若液量不足，添加补充制动液至规定液位。

对于变质的制动液应进行更换。常规方法更换制动液，需要两人配合进行。一人踩

图 3-4-9　检查制动液面

踏制动踏板,给液压制动系统加压,另一人打开制动分泵上的放气阀,排出制动系统中的空气和制动液。

　　1 号人员进入驾驶室内,关闭车门,降落车窗玻璃,放松驻车制动器操纵杆;2 号人员将车举升至适当高度,将举升机锁止,并将右后车轮制动分泵放气阀上的防尘帽取下,同时用一根塑料软管一端插入制动分泵的放气阀上,另一端插入接油容器中,并用扳手拧松制动分泵放气阀,如图 3-4-10 所示。1 号人员随 2 号人员的口令踩踏制动踏板并踩住,2 号人员拧开放气阀并观察制动液排放情况,直到放出清亮新的制动液,拧紧放气阀。当油液中有气泡排出时,应重复踩踏、放气几次,直至没有气泡,拧紧放气阀,取下塑料软管,至此右后车轮分泵内的制动液排放完毕。按此过程分别将左后、右前、左前车轮分泵内的制动液进行排放,注意在放气过程中要时时添加储油罐中的制动液,不得缺少。

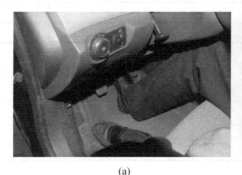
(a)

(b)

图 3-4-10　制动液的排放

任务实施

　　(1)制动液更换作业前的准备工作有哪些?

　　(2)查找学习制动液的分类及应用范围。

　　(3)在教师的指导下,以小组为单位完成制动液的更换和放气作业。

　　① 检查制动液是否失效。

更换制动液

② 制动液失效后，若继续使用会发生什么故障？

反馈与评价

根据学生在本任务实施期间的表现进行评价，按照自己评价、小组评价及教师评价完成表 3-4-1。

表 3-4-1　任务评价表

班级　　　　　组别　　　　　学生姓名

考核项目	评 分 标 准		评价等级		
			A	B	C
个人素质	遵守纪律，服从安排				
	学习积极，主动参与				
	仪表整洁，穿工装实习				
专业能力	任务方案				
	操作过程	放气前的准备			
		1号人员的工作			
		2号人员的工作			
	工作页的填写				
社会能力	团结协作、相互帮助				
	表达、沟通能力				
	严格按 5S 管理进行				
小组评价					
教师评价					

知识拓展

利用解码仪进行制动系统排气

利用解码仪进行制动系统排气，可以排除掉残留在液压调节装置中的空气，其工作步骤如下。

(1) 关闭点火开关，将解码仪与车辆诊断插座连接好。

(2) 将车举升至离地面约 30cm 处，将车轮拆卸下来。

(3) 打开点火开关，置于 ON 挡位置，开启 431 解码仪，进入相应的操作界面，如图 3-4-11 所示。选择自动制动排气功能选项。

（4）一人坐在车内，关好车门，摇下车窗；同时另一人将车举升至适当高度，将举升机安全锁止后，进入车下。

（5）进入车下的人同时分离制动分泵的放气阀与防尘帽，并在放气阀上接入一段塑料软管，软管另一头置入接油容器中，并用扳手套在放气阀的锁止螺母上。

（6）当车内的人踩下制动踏板（踩到底，不放）的同时，按下解码仪的确认键（接操作步骤（4）），此时，利用解码仪进行排气过程开始。当制动踏板踩到底时，车内的人同时让车下的人放气，车下的人便拧松放气阀上的锁止螺母，进行放气。过 3s 左右，车内的人会感觉到制动踏板向上顶，此时，应让车下的人停止放气，车下的人接到命令后，迅速拧紧放气阀上的锁止螺母，如此反复进行，直到接油容器中不再有气泡生成，同时有制动液排出即可。排气顺序按右后、左后、右前、左前车轮进行，如图 3-4-12 所示。

图 3-4-11　菜单选择项目

图 3-4-12　放气操作

（7）排气作业结束后应按照解码仪提示，步骤完成，按确定键，退出操作，拔下数据插头。

任务 5　汽车悬架系统的检查与维护

 学习目标

（1）了解悬架系统检查维护的重要性。
（2）能对汽车悬架系统进行检查、紧固操作。

任务描述

一辆科鲁兹汽车到修理厂进行维修，车主反映车速超过 90km/h 行驶时全车抖动，降

低车速,抖动现象消失,请你对该车辆的悬架系统进行检查维护。

相关知识

一、基本知识

汽车悬架的作用是把车架或承载车身与车桥或车轮连接起来,以缓和吸收车轮在不平路面上行驶时所产生的冲击和振动,保证汽车行驶的平顺性。

汽车悬架可分为独立悬架和非独立悬架两大类。汽车悬架结构复杂,一般都由弹性元件、减震器和导向机构组成。

汽车悬架在使用过程中,会出现弹性元件弹性下降和折断,减震器漏油及减震性能下降,悬架固定螺栓松动或紧固力矩不符合规定要求等现象。为了行驶的安全性,应对悬架、车桥、车架定期进行检查和维护,及时发现并排除存在的故障隐患,确保汽车悬架具有良好的工作性能。

二、前后悬架构造

(1)以科鲁兹为例,其前悬架构造如图 3-5-1 所示。

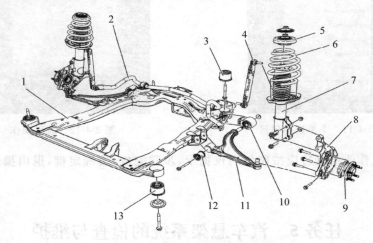

图 3-5-1　科鲁兹前悬架构造图

1—传动系统和前悬架车架;2—前稳定杆;3—传动系统和前悬架后隔振垫;4—前稳定杆连杆;

5—前悬架滑柱隔振垫;6—前弹簧;7—减震器总成;8—转向节;9—前轴承、轮毂总成;

10—前下控制臂后衬套;11—前下控制臂;12—前下控制臂衬套;13—前悬架后隔振垫

(2)科鲁兹后悬架构造如图 3-5-2 所示。

三、减震器减振力检查

通过上下摇动车身确定减震器的缓冲力大小,并且检查车身停止摇动需要的时间,时间应尽量少,如图 3-5-3 所示。

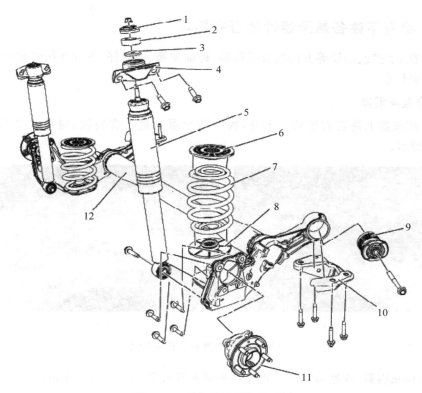

图 3-5-2 科鲁兹后悬架构造图

1～4—后减震器上支座；5—减震器总成；6—上翻转环；7—后弹簧；8—下翻转环；

9—后桥衬套；10—后桥托架；11—后轮轴承；12—后桥

四、检查车辆倾斜情况

将车辆平稳地停在举升机上，并使各轮胎气压保持一致，目测车辆是否有倾斜，如图 3-5-4 所示。

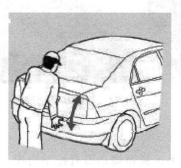

图 3-5-3 减震器减震力检查

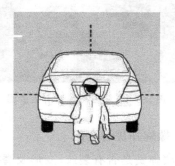

图 3-5-4 检查车辆倾斜情况

五、检查下述各悬架组件是否有损坏

用目视、手摸或摇晃等方法检查减震器、螺旋弹簧、稳定杆、下臂及托臂和桥梁有无损坏、变形等情况。

1. 检查减震器

检查减震器上是否有凹痕。另外,检查防尘罩上是否有裂纹、裂缝或其他损坏,如图 3-5-5 所示。

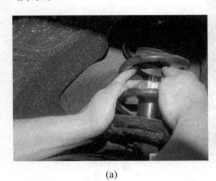

(a)   (b)

图 3-5-5 检查减震器损坏情况

用手摸减震器,观察减震器是否存在油液渗漏情况,如图 3-5-6 所示。

2. 连接摆动检查

用手摇晃悬架连接头上的连接检查衬套是否磨损或者有裂纹、是否摆动,同时检查连接是否损坏,如图 3-5-7 所示。

图 3-5-6 检查减震器有无渗漏   图 3-5-7 连接摆动检查

3. 螺旋弹簧的检查

观察弹簧是否有裂纹、变形及磨损等情况,用手摇晃弹簧是否有松动情况,如图 3-5-8 所示。

4. 对车辆下臂、托臂及桥梁的检查

目视及用手晃动上述部件,观察有无损伤及松动情况,如图 3-5-9 所示。

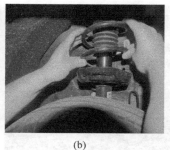

(a)　　　　　　　　　　　　(b)

图 3-5-8　螺旋弹簧的检查

(a)　　　　　　　　　　　　(b)

图 3-5-9　对车辆下臂、托臂及桥梁的检查

5. 减震器支柱总成自锁螺母检查

打开防尘罩,拧紧支柱总成自锁螺母,拧紧力矩为50N·m,如图3-5-10所示。

6. 底盘连接螺栓和螺母的紧固检查

(1) 紧固前轮轮毂螺栓,如图3-5-11所示。

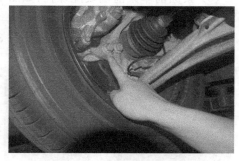

图 3-5-10　减震器支柱总成自锁螺母检查　　　图 3-5-11　紧固前轮轮毂螺栓

拧紧力矩:90N·m +75°。

(2) 紧固前控制臂转向球头螺栓,如图3-5-12所示。

拧紧力矩:35N·m。

(3) 紧固前减震器固定螺栓,如图3-5-13所示。

图 3-5-12 紧固前控制臂转向球头螺栓

图 3-5-13 紧固前减震器固定螺栓

拧紧力矩：90N·m ＋60°。

（4）紧固控制臂至前车架前螺栓，如图 3-5-14 所示。

拧紧力矩：70N·m ＋75°。

（5）紧固控制臂至前车架后螺栓，如图 3-5-15 所示。

图 3-5-14 紧固控制臂至前车架前螺栓

图 3-5-15 紧固控制臂至前车架后螺栓

拧紧力矩：70N·m ＋75°。

（6）紧固前车架前端装配螺栓，如图 3-5-16 所示。

拧紧力矩：90N·m ＋60°。

（7）紧固前车架后端装配螺栓，如图 3-5-17 所示。

拧紧力矩：90N·m ＋60°。

图 3-5-16 紧固前车架前端装配螺栓

图 3-5-17 紧固前车架后端装配螺栓

（8）紧固后车架前端固定螺栓，如图 3-5-18 所示。

拧紧力矩：90N·m ＋60°。

（9）紧固后车架后端固定螺栓，如图 3-5-19 所示。

图 3-5-18 紧固后车架前端固定螺栓　　　　图 3-5-19 紧固后车架后端固定螺栓

拧紧力矩：70N·m。

（10）紧固后轮轮毂螺栓，如图 3-5-20 所示。

拧紧力矩：90N·m ＋75。

（11）紧固后轮减震器固定螺栓，如图 3-5-21 所示。

拧紧力矩：90N·m ＋75°。

图 3-5-20 紧固后轮轮毂螺栓　　　　　图 3-5-21 紧固后轮减震器固定螺栓

任务实施

（1）汽车悬架检查作业前的准备工作有哪些？

（2）查找学习汽车悬架的分类及应用范围。

（3）在教师的指导下，以小组为单位完成前悬架的更换。

① 检查前悬架是否失效。

② 前悬架失效，若继续使用会发生什么故障？

更换减震器

反馈与评价

根据学生在本任务实施期间的表现进行评价,按照自己评价、小组评价及教师评价完成表 3-5-1。

表 3-5-1 任务评价表

班级　　　　　组别　　　　　学生姓名

考核项目	评 分 标 准		评价等级		
			A	B	C
个人素质	遵守纪律,服从安排				
	学习积极,主动参与				
	仪表整洁,穿工装实习				
专业能力	任务方案				
	操作过程	前悬架更换前的准备			
		悬架拆卸			
		悬架安装			
	工作页的填写				
社会能力	团结协作、相互帮助				
	表达、沟通能力				
	严格按 5S 管理进行				
小组评价					
教师评价					

项目四

汽车外部电器系统的维护

汽车外部电器系统主要包括汽车外部灯光系统和汽车刮水器(雨刷)。汽车外部灯光系统主要包括照明与标识信号两大部分,其中照明信号的主要作用是在夜晚、雨雾天气等光照条件差的情况下对行车道路进行照明;信号系统的主要作用是为迎面来车、旁边车辆及后面来车提供信号,保障行驶安全。雨刷器是安装在风窗上的重要附件,它的作用是扫除风窗玻璃上妨碍视线的雨雪和尘土。因此,它对于行车安全具有重要的作用。

任务 1 灯光的维护

学习目标

(1) 能叙述照明系统的组成及作用。
(2) 能按照要求检查照明系统。
(3) 能规范地对照明系统进行维护和更换。

任务描述

一辆丰田卡罗拉轿车,夜间打开大灯时,明显感觉左侧灯光暗淡。根据故障现象进行检修。

相关知识

一、照明与信号系统概述

为了保证汽车行驶的安全性,减少交通事故的发生,汽车上都装有多种照明系统和灯光信号系统,一般称为汽车灯系。这个系统主要包括照明与标识信号两大部分,如图 4-1-1 所示。

图 4-1-1　汽车前后灯光图

二、汽车照明系统的组成及作用

1. 前照灯

前照灯(也称前大灯、头灯)灯光为白色,装在汽车的头部,一般左右各一个,其形状有圆形及矩形,造型随车型而异。通常采用双丝灯泡,其中远光灯丝为 45～60W,近光灯丝为 20～50W。前照灯应保证汽车前方 100m 以内的路面上有明亮而均匀的照明。随着汽车车速的不断提高,要求车前的照明距离也相应增加,有些汽车的照明距离已达 150～270m。前照灯应使驾驶员能清楚辨明路面上的障碍物,并具有防眩目装置,防止夜间会车时影响对方驾驶员的视线。图 4-1-2 所示为汽车前照灯,图 4-1-3 所示为汽车前照灯近远光一体灯泡。

图 4-1-2　汽车前照灯

图 4-1-3　汽车前照灯近远光一体灯泡

2. 雾灯

雾灯安装在车头和车尾,位置比前照灯稍低。装于车头的雾灯称为前雾灯,车尾的雾灯称为后雾灯。雾灯可以帮助驾驶员在雾天、大雪、暴雨或尘埃弥漫情况下驾车时提高能见度,并能保证被对面来车及时发现,安全交会。行车中为了能给对面来车提供信号,汽车一般采用黄色配光或黄色灯泡。黄色光的光波较长,穿透能力强,在雾中能照明较远的距离。雾灯功率一般为 28～35W,图 4-1-4 所示为雾灯。

图 4-1-4　汽车雾灯

3. 示宽灯与尾灯

示宽灯俗称"小灯"，用来标示车辆宽度和长度，便于夜间安全会车（示宽灯的灯光在夜间距离 100m 以外应能看清楚）。位于前方的称为示宽灯，位于后方的灯称为尾灯。两灯均为低强度灯。车前面示宽灯的灯光为白色或橙色，车后面的灯光则为红色或橙色。一般在汽车前后的左右外侧各装一只示宽灯，共四只。图 4-1-5 所示为汽车示宽灯，图 4-1-6 所示为汽车尾灯。

图 4-1-5　汽车示宽灯

图 4-1-6　汽车尾灯

4. 制动灯

制动灯也叫刹车灯,装在汽车尾部,是车辆重要的外在安全标识,以警告后面尾随的车辆或行人,保持安全距离,其光色为红色,功率一般为 20W。正常情况下,踩制动灯亮时,车后相距 100m 处的其他车辆应看得很清楚,以告诉后车减速或停车。在雾、雨、雪的天气要注意制动灯的运用,驾驶员在注意前方车辆灯光的同时,可以靠后视镜留意自己后车的位置,若发现后车离自己太近,可轻踩制动,使制动灯亮,以提醒后车适当拉开车距,防止因紧急踩制动,后车措施不及而发生追尾事故。

图 4-1-7　汽车制动灯(高位制动灯和左右制动灯)

高位制动灯也称为第三制动灯,一般装在车尾上部,提醒后方车辆能及早发现前方车辆而实施制动。由于汽车已有左右两个制动灯,因此人们习惯上也把装在车尾上部的高位制动灯称为第三制动灯,图 4-1-7 所示为汽车制动灯。

5. 转向信号灯

转向信号灯标示车辆的转弯方向,如图 4-1-8 和图 4-1-9 所示。汽车前后的左右两边各装一只转向信号灯。

图 4-1-8　汽车前转向信号灯

图 4-1-9　汽车后转向信号灯

转向灯亮时,其光色为黄色,以 50～120 次/min 的频率闪烁,以引起前后车辆及行人的注意(一般白天在 100m 以外应能看清)。车前转向信号灯一般与示宽灯合装,通常用双丝灯泡,统称前小灯,但也有单独安装的,功率一般为 20W。

6. 危险报警闪光灯

危险报警闪光灯俗称双闪灯,是一种提醒其他车辆与行人注意,本车发生了特殊情况的信号灯。用于提醒过往车辆及行人注意,特别是后方行驶的车辆,保持应有的安全距离和必要的安全车速,避免紧急刹车引起追尾。图 4-1-10 所示为位于车内的汽车危险警告灯按钮。

注意:转向灯在汽车起动状态下(即汽车钥匙旋转至 ON 处)起作用,而危险警示灯在汽车未起动状态下（即汽车钥匙旋转至 OFF 处）即可起作用。

图 4-1-10　汽车危险警告灯按钮

7. 牌照灯

牌照灯用于照亮尾部车牌，当尾灯亮时，牌照灯也亮，如图 4-1-11 所示。

图 4-1-11　汽车牌照灯

8. 倒车灯

倒车灯安装于车辆尾部，给驾驶员提供额外照明，使其能在夜间倒车时看清车辆后面的情况，同时引起后面车辆的注意。图 4-1-12 所示为挂入倒挡状态，当点火开关接通，变速杆换至倒车挡时，倒车灯亮。

图 4-1-12　汽车倒车灯

　　通常把尾灯、后转向灯、制动灯通称为后灯。夜间行车途中和发动机熄火后不论前照灯点亮或熄灭,尾灯与示宽灯都应同时点亮,警示其他车辆。

三、灯光系统操作及检查

1. 检查前照灯近远光及其指示灯

　　(1) 如图 4-1-13 所示,变光器开关保持 位置,检查前照灯近光是否正常亮起。

　　(2) 将变光器开关向仪表板方向推,检查仪表板远光指示灯是否正常亮起和远光灯是否正常亮起。

　　(3) 将变光器开关回至 位置。

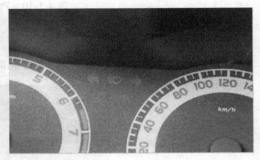

图 4-1-13　变光器开关及指示灯

2. 检查前雾灯及其指示灯

　　如图 4-1-14 和图 4-1-15 所示,保持变光器开关在一挡位置,将变光器开关内圈转动一挡 ,检查仪表板前雾灯指示灯是否正常亮起,检查前雾灯是否正常亮起。

图 4-1-14　前雾灯开关　　　　　　　　图 4-1-15　前雾灯开关指示灯

3. 检查后雾灯及其指示灯

　　(1) 如图 4-1-16 和图 4-1-17 所示,保持变光器开关在一挡位置,将变光器开关内圈转动二挡 ,检查仪表板后雾灯指示灯是否正常亮起,检查后雾灯是否正常亮起。

　　(2) 将变光器开关内圈、外圈回位关闭雾灯和小灯。

4. 检查远光灯和指示灯

　　(1) 如图 4-1-18 和图 4-1-19 所示,将变光器开关向方向盘方向拉,检查仪表板远光指

图 4-1-16　后雾灯开关

图 4-1-17　后雾灯开关指示灯

图 4-1-18　远光灯开关

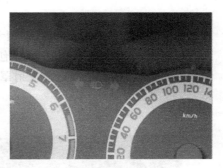

图 4-1-19　远光灯指示灯

示灯是否正常亮起。

（2）检查远光灯是否正常亮起。

四、更换灯泡的步骤

（1）拔下汽车点火钥匙，确保在熄火凉车状态下进行。

在更换大灯灯泡之前，为避免在更换灯泡时被发动机舱内的部件烫伤，要确认车辆已经熄火，并且是在凉车状态打开引擎盖。

（2）如图 4-1-20 所示，擦干净灯座周围灰尘，将灯泡的电源插口拔开。

（3）如图 4-1-21 所示，取下防尘橡胶罩，并擦干净。

图 4-1-20　灯泡的电源插口

图 4-1-21　防尘橡胶罩

（4）图 4-1-22 所示位置有弹簧卡扣，向灯泡方向按下，将弹簧卡扣弹开，取下灯泡。

（5）如图 4-1-23 所示，将新灯泡放入反射罩，对准灯泡的固定卡位，捏住两边的钢丝卡簧往里推，将新灯泡固定在反射罩内。

图 4-1-22　弹簧卡扣

图 4-1-23　灯泡的固定卡位

（6）重新盖上防尘胶罩，将灯泡电源插上，更换操作便完成了。

（7）安装完毕后，点亮大灯 10min，再关闭大灯，打开引擎盖，闻闻摸摸大灯附近是否有焦味、温度较高等异常现象。

（8）操作完毕，整理工具和设备，清洁场地。

注意：在安装灯泡时，手指不要直接触及灯泡玻璃体，这是因为灯泡内部有气体，即使有一丁点手指上的油渍黏附在玻璃体上，都会缩短灯泡的使用寿命，长期使用灯泡可能会有爆裂的危险。

任务实施

（1）检查驾驶室内灯光作业前有哪些准备工作？

（2）根据具体车型，写出外部灯光检查的步骤。

（3）在教师的指导下，以小组为单位通过查阅相关资料，列出检查、维修外部灯光的流程。

反馈与评价

根据学生在本任务实施期间的表现进行评价，按照自己评价、小组评价及教师评价完成表 4-4-1。

表 4-4-1 任务评价表

班级　　　　　组别　　　　　学生姓名

考核项目	评 分 标 准		评价等级		
			A	B	C
个人素质	遵守纪律，服从安排				
	学习积极，主动参与				
	仪表整洁，穿工装实习				
专业能力	任务方案				
	操作过程	灯光检查前的准备			
		前面灯光的检查			
		后面灯光的检查			
	工作页的填写				
社会能力	团结协作、相互帮助				
	表达、沟通能力				
	严格按 5S 管理进行				
小组评价					
教师评价					

任务 2　刮水器的维护

学习目标

（1）掌握雨刮系统的构造及维护。
（2）能进行雨刮系统的故障检查。
（3）能更换雨刮片、雨刮电动机。

任务描述

车主张先生在做汽车保养时反映刮水器刮不干净，询问汽车刮水器平时该如何保养。请你给他作出解答。

相关知识

一、刮水器的作用及构成

刮水器（见图 4-2-1）又称为雨刮器、雨刷、水拨，是安装在挡风玻璃前的片式结构，用来刷除附着于车辆挡风玻璃上的雨、雪及灰尘，以保证驾驶人有良好的视线，确保行车安全。

刮水器按驱动方式不同可分为机械式、真空式、气压式、液压式和电动式。现在汽车一般采用电动式刮水器，其结构如图 4-2-2 所示。

电动式刮水器的动力来自电动机，通过蜗轮蜗杆带动连杆摆动，连杆带着雨刮片左右摆动，完成刷雨过程。一般情况下在汽车组合开关手柄上有刮水器控制旋钮，设有低速、高速、间歇 3 个挡位。

图 4-2-1　汽车刮水器

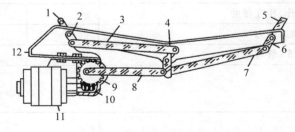

图 4-2-2　电动刮水器的结构

1、5—刮水片架；2、4、6—摇杆；3、7、8—连杆；9—蜗轮；10—蜗杆；11—电动机；12—支架

二、汽车刮水器的常见故障

（1）刮水器在使用时玻璃上产生细小条纹或线状残留，如图 4-2-3 所示，这是因为在三角尖刃部位有沙粒、灰尘等异物附着或尖刃部位受损。可清洁尖刃部位或更换雨刮片。

图 4-2-3　刮水器在使用时玻璃上产生细小条纹

（2）橡胶的接触面与玻璃面无法完全贴合，产生擦拭残留。这是因长时间使用或高温暴晒导致橡胶硬化失去弹性所致，可更换雨刮片。

（3）刮水器工作时出现跳动。出现这种故障可能是挡风玻璃不干净引起的，可以使用专业玻璃水及去污剂清洗玻璃，将表面附着物或油污清除，也可能是雨刷摆臂与摇臂轴没有固定好或固定的位置不当引起的，可调整摆臂位置，把雨刮片安装到位。如果新安装的刮水器出现跳动，则可能是雨刮胶条自身切割不均匀引起的。

三、汽车刮水器正确的保养方法

汽车刮水器属于易损件，为保证车主的行车安全，应该经常进行检查和保养，避免使用时出现问题。

（1）定期清洁雨刮片橡胶刮条，避免上面残留太多污物对雨刮片产生腐蚀。

（2）使用刮水器时，速度不要时快时慢，这样会严重影响雨刮片的寿命。

（3）刮水器一定要在有水的情况下才能使用，否则会增加摩擦力，导致橡胶刮片和刮水器电动机的损坏。

（4）如果挡风玻璃上有鸟粪等顽固、坚硬的污物，或冬季挡风玻璃上有积雪或结冰，要先进行清理，防止刮水器受损。

四、添加玻璃水

玻璃水即汽车玻璃清洗液的俗称。玻璃水分为夏季和冬季两种，冬季玻璃水为防冻型，可以保证在外界气温低于−20℃时不会结冰。在我国最北部的严寒地区，室外温度达到−40℃，可使用特效防冻型玻璃水。

添加玻璃水的步骤如下。

（1）打开发动机舱盖，用发动机盖支撑杆撑稳发动机舱盖。

（2）找到喷水壶所在的位置，打开壶盖，添加玻璃水，如图 4-2-4 所示。

图 4-2-4　添加玻璃水

任务实施

（1）对照实物指出刮水器系统的结构。

（2）刮水器的检查

① 检查玻璃水液位是否正常。

② 检查刮水器在各挡位下喷射功能是否正常，喷射压力是否正常，检查刮水器联动功能是否正常。

③ 检查刮水器系统喷射位置是否在刮水器的工作区域内，喷射位置大致应该在刮水器的刮水范围中间，必要时进行调整。

④ 刮水状况检查。

⑤ 检查刮水器在各挡位下的刮水效果，不得有条纹式水痕或刮拭不彻底等现象。

（3）列出刮水器电动机及连杆总成拆装的所需工具及关键步骤。

反馈与评价

根据学生在本任务实施期间的表现进行评价，按照自己评价、小组评价及教师评价完成表 4-2-1。

表 4-2-1　任务评价表

班级		组别		学生姓名		
考核项目	评 分 标 准			评价等级		
				A	B	C
个人素质	遵守纪律，服从安排					
	学习积极，主动参与					
	仪表整洁，穿工装实习					

续表

考核项目	评 分 标 准		评价等级		
			A	B	C
专业能力	任务方案				
	操作过程	刮水器状况检查			
		刮水器故障的判断			
		刮水器系统的拆装			
	工作页的填写				
社会能力	团结协作、相互帮助				
	表达、沟通能力				
	严格按 5S 管理进行				
小组评价					
教师评价					

项目五

汽车后备厢的维护

汽车后备厢在汽车尾部,用隔板分成上下两层,上层用来存放行李物品,下层放置汽车购买时标配的工具,如汽车备胎、千斤顶、三角警告牌、轮胎扳手等。当汽车在行驶中出现突发事件时,随车工具可以帮助车主解决很大的问题。

任务　随车工具的检查

 学习目标

(1) 能对备胎进行检查维护。
(2) 会使用随车工具进行事故处理。
(3) 能独立完成汽车轮胎的更换。

任务描述

某车主到 4S 店进行汽车保养,询问如果汽车在行驶中出现故障应如何处理。

相关知识

一、汽车备胎

1. 汽车备胎的种类

汽车备胎分为三类。

(1) 全尺寸备胎。全尺寸备胎与原厂轮胎规格、质量一模一样,可作为正常轮胎使用。

（2）非全尺寸备胎。非全尺寸备胎的直径、宽度比原轮胎略小，只能作为应急轮胎临时使用，而且只能用于非驱动轮，时速也不能超过 80km/h。由于非全尺寸备胎价格较低，占用空间较小，市面上销售的大部分备胎都属于此类。

（3）零压轮胎。零压轮胎又被称为安全轮胎，也就是俗称的"防爆轮胎"。与普通轮胎相比，零压轮胎被扎后，不会漏气或者漏气非常缓慢，保证汽车能够长时间或者暂时稳定地行驶至维修站，因此，装有这种轮胎的汽车也就不再需要携带备用轮胎。

2. 汽车备胎的维护

1）定期检测备胎

在日常保养中，车主要对备胎进行检测，主要是检查胎压和有无磨损和裂痕，在胎纹磨损到磨损标志线前，要尽早对轮胎进行更换。如果胎侧有细小裂纹，不能继续跑长途或高速行车，因为轮胎侧壁较薄，高速行车容易发生爆胎。

2）备胎不应长时间使用

非全尺寸备胎因为尺寸比正胎尺寸小一些，其扁平率、胎宽或轮胎直径都与正常使用的轮胎不一样，因此换上备胎后，四个轮胎的摩擦系数不同、地面附着力不同、气压不同，长时间使用会对车辆的制动系统、转向系统及悬挂系统产生一定的影响，给行车安全带来隐患，还会使同向的其他轮胎产生摩擦不均匀等现象。图 5-1-1 所示为汽车备胎。

图 5-1-1　汽车备胎

3）备胎寿命

备胎是橡胶制品，会随时间自然老化，即使放在后备厢里不使用，也必须及时更换，防止汽车爆胎后更换备胎时，备胎已经老化，成为废胎。一般备胎的寿命在 4 年左右。

二、千斤顶

千斤顶用于在更换备用轮胎时顶起车身。汽车千斤顶有气动千斤顶、电动千斤顶、液压千斤顶和机械式千斤顶等。一般家庭用车在购买时会附赠千斤顶，此千斤顶质量轻、体积小，可以方便地存放在行李厢内。

千斤顶的使用方法。

（1）将车辆固定好（选择平坦坚固路面）。

（2）放置好三角警告牌。

（3）寻找底盘支撑点，一般在靠近车轮的位置。

（4）使用摇把升举千斤顶，将车慢慢抬起，如图 5-1-2 所示。

图 5-1-2　摇把升举千斤顶

三、轮胎扳手

轮胎扳手的使用要注意扳动方向和顺序,在升起千斤顶前先用扳手拧松轮胎上的螺栓(逆时针方向),接着利用千斤顶将轮胎升离地面后再将螺栓完全卸下。在换上备胎后,先用手将螺栓逐个尽可能拧紧后再用千斤顶将车放下,用扳手顺时针拧紧螺栓。图 5-1-3 所示为轮胎扳手。

图 5-1-3　轮胎扳手

在拧螺栓时要注意交叉安装,也就是说如果一个轮圈上有 4 颗螺栓,就要按对角线位置交叉拧螺栓。

四、三角警告牌

三角警告牌是由塑料反光材料做成的被动反光工具,在发生突发状况时,将它放在车后方,用于提醒后方车辆及时避让,避免二次事故的发生。汽车发生故障时,在解决故障前先要竖立三角警告牌。

竖立三角警告牌要知道摆在离故障车多远的位置上,常规道路中三角警告牌应放在车后 50～100m 处;在高速公路上,要放在车后 150m 外;若遇上雨雾天气,则要将距离提升到 200m。警告牌的放置应与车辆在同一车道,若故障车辆在弯道,则应放在入弯前,在摆放警告牌的同时还要打开车辆危险报警灯。

五、牵引环

车辆因事故或故障导致抛锚时,需要其他车辆借助牵引环进行拖车。牵引环可以分为外露式和隐藏式两大类,牵引位置在车头和车尾的一侧。

图 5-1-4 所示为外露式牵引环,一般在车头和车尾保险杠下沿处,直接将尺寸相符合的拖车绳与其连接即可。

图 5-1-5 所示为隐藏式牵引环。一般城市用轿车为了整体设计的美观,把拖车钩设计在保险杠的里面,在使用前首先要打开装饰盖,然后手动将拖车环安装在车上。

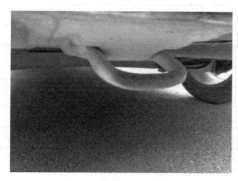

图 5-1-4　外露式牵引环　　　　　　图 5-1-5　隐藏式牵引环

车辆被牵引时,如果发动机能够起动就保持其运转,保证转向、制动在良好状态;如果采用拖车绳要注意车速和车距,防止两车追尾,同时开启危险报警灯,车速不能超过20km/h。

任务实施

(1)更换轮胎需要用到哪些工具?

(2)换轮胎前需要进行什么操作?

(3)更换轮胎的步骤。

反馈与评价

根据学生在本任务实施期间的表现进行评价,按照自己评价、小组评价及教师评价完成表 5-1-1。

表 5-1-1　任务评价表

班级　　　　　　组别　　　　　　学生姓名

考核项目	评分标准	评价等级		
		A	B	C
个人素质	遵守纪律,服从安排			
	学习积极,主动参与			
	仪表整洁,穿工装实习			

续表

考核项目	评分标准		评价等级		
			A	B	C
专业能力	任务方案				
	操作过程	汽车随车工具的检查			
		轮胎更换前的准备工作			
		拆卸轮胎			
		更换备胎			
	工作页的填写				
社会能力	团结协作、相互帮助				
	表达、沟通能力				
	严格按 5S 管理进行				
小组评价					
教师评价					

项目六

汽车维护与保养工艺规范

汽车维护是指当汽车行驶到一定的时间或里程后,根据汽车维护技术标准,按规定的工艺流程、作业范围、作业项目的技术要求对汽车进行预防性作业。汽车维护的目的是保持车辆状况良好,提高使用寿命,确保行车安全,充分发挥汽车的使用效能,降低运行消耗,从而取得良好的经济效益、社会效益和环境效益。

任务 1　汽车维护与保养概述

 学习目标

(1) 熟悉汽车维护作业的规范和范围。
(2) 掌握汽车维护作业的内容。

相关知识

一、汽车维护的内容与分类

我国交通运输部颁布的《汽车运输业技术管理规定》中明文规定,汽车维护作业贯彻"预防为主、定期检测、强制维护、视情修理"的原则,即汽车维护必须遵照交通运输管理部门规定的行驶里程或时间间隔进行作业,要按期强制执行,不得拖延,并在维护作业中遵循汽车维护分级和作业范围的有关规定,以保证维护质量。

根据《汽车维护、检测、诊断技术规范》有关规定,我国的汽车维护可分为定期维护和非定期维护两大类。定期维护分为日常维护、一级维护和二级维护三类;非定期维护分为季节性维护和走合期维护两类。

二、汽车维护作业的内容

汽车维护作业的内容主要包括清洁、检查、紧固、润滑、调整、补给等几个方面,且维护范围随着行驶里程或时间的增加而逐步扩大,内容也要逐步加深。汽车维护作业一般不得对车辆部件进行解体,也不能对汽车各主要部件大拆大卸,只有在确实发生故障需要解体时才可进行解体操作,这也是汽车维护和修理的区别之处。

1. 清洁作业

保持车辆内外部整洁,防止水和灰尘等腐蚀车身及内外部零部件,使汽车各功能性组织在良好的清洁环境中工作。

2. 检查作业

检查汽车零部件是否齐全,有无磨损、变形和损坏等情况;检查连接是否紧固;是否有漏水、漏油、漏气和漏电等现象;利用仪表检查各总成、机构和仪表的技术状况;检查转向、制动和灯光等是否正常。对汽车各部件进行拆检、装配、调整时应检查各主要部件的配合间隙。

3. 补给作业

在汽车维护过程中,对汽车的燃油、润滑油及其他所有特殊工作液进行加注补充;对蓄电池进行补充充电、对轮胎进行补气等作业。

4. 润滑作业

按照汽车的保养图表和规定周期,用规定牌号的润滑油或润滑脂进行润滑;对发动机、变速器、转向器和驱动桥等按规定补充更换润滑油,保证车辆各运动部件正常运转、减少运动阻力,降低温度、减少磨损。

5. 紧固作业

车辆行驶一定的里程后,各部件连接处的螺旋、螺母等紧固件由于振动、颠簸、热膨胀等原因,可能发生松动甚至脱落,为保证行车安全,应对各连接件进行紧固作业。

6. 调整作业

按技术要求,调整相关机件,以达到恢复总成、机件的正常配合间隙及良好工作性能等目的。调整工作的好坏,对减少机件磨损、保持汽车使用的经济性和可靠性有直接的关系。

任务 2　定期维护作业

（1）能按要求进行汽车的日常维护。

（2）能独立完成汽车的一级维护作业。

（3）能独立完成汽车的二级维护作业。

相关知识

一、汽车日常维护

汽车日常维护是以预防为主的维护作业,指驾驶员在每日出车前、行车中、收车后,针对车辆使用情况所做的一系列预防性质的维护作业。

日常维护作业的内容包括对汽车外观、发动机外表面进行清洁,保持车容整洁;对汽车各部分润滑油(脂)、燃油、冷却液、制动液、各种工作介质、轮胎气压进行检视补给;对汽车制动、转向、传动、悬挂、灯光、信号以及发动机运转状态进行检视、校紧,确保行车安全。

二、汽车的一级维护

汽车一级维护是指车辆行驶到一定里程后,除完成日常维护作业外,进行的以清洁、润滑和紧固为中心的作业内容,并检查有关制动、操纵等安全部件,由专业维修人员负责执行的车辆维护作业。一级维护的间隔里程为 7500～15000km 或每 6 个月,按汽车生产厂家规定进行。汽车一级维护作业项目见表 6-2-1。

表 6-2-1 汽车一级维护作业项目及技术要求

序号	维护项目	作业内容	技术要求
1	点火系统	检查、调整	正常工作
2	发动机空气滤清器、空压机空气滤清器、机油滤清器和燃油滤清器	轻轻拍打,并用不大于 0.5MPa 清洁压缩空气由里向外吹净或更换	各滤芯应清洁无破损,上下衬垫无残缺,密封良好;滤清器应清洁,安装牢靠
3	曲轴箱油面、冷却液液面、制动液液面高度	检查	符合规定
4	曲轴箱通风装置、三元催化转化装置	外观检查	齐全、无损坏
5	散热器、油底壳、发动机前后支垫、水泵、进排气歧管、输油泵、喷油泵连接螺栓	检查并校紧各部位螺栓、螺母	各连接部位螺栓、螺母应紧固,锁销、垫圈及胶垫应完好有效
6	发电机、空调压缩机传动带	检查皮带磨损、老化程度,调整皮带松紧度	符合规定
7	转向器、转向垂臂、传动十字轴承、横直拉杆、转向节及臂、前轴	检查转向器液面及密封状况;润滑并紧固万向节十字轴、横直拉杆、球头销、转向节等部位	符合规定
8	离合器	检查、调整离合器行程	操纵机构应灵敏可靠;踏板自由行程应符合规定

续表

序号	维护项目	作业内容	技术要求
9	变速器、传动轴、轴承和差速器	检查变速器、差速器液面及密封状况，校紧各部位连接螺栓，清洁各通气塞，校紧各部位螺栓、螺母	符合规定
10	制动系统	检查并紧固各制动管路接头、支架螺栓、螺母；检查、调整制动踏板自由行程	制动管路接头应不漏气，支架螺栓紧固可靠。制动联动机构应灵敏可靠，制动踏板自由行程符合规定
11	车架、车身及各附件	检查、紧固各部位螺栓、支架	各部位螺栓应紧固可靠，齐全有效
12	轮胎、轮辋	检查轮辋；检查轮胎气压（包括备胎）并视情况补气；检查轮毂轴承间隙；检查轴承松紧度	轮辋应无裂损、变形；轮胎气压应符合规定，气门嘴帽齐全；轮轴承间隙无明显松旷
13	悬架机构	检查	无损坏、连接可靠
14	蓄电池	检查、紧固	电解液液面高度应符合规定，通气孔畅通，电桩夹头清洁、牢固
15	灯光、仪表、信号装置	检查、调整	齐全有效，安装牢固
16	全车	检查	不漏油、不露水、不漏气、不漏电，各种防尘罩齐全有效

三、二级维护

汽车二级维护是指车辆行驶到一定里程后，除完成一级维护作业外，以检查、调整转向节、转向摇臂和悬架等经过一定时间使用后容易磨损或变形的安全部件为主，并拆检轮胎，进行轮胎换位，检查调整发动机工况和排气污染装置等，由维修企业负责进行的车辆维护作业。二级维护的间隔一般为 $(1.5\sim3.0)\times10^4$ km 或 12 个月。汽车二级维护作业项目及技术要求见表 6-2-2。

表 6-2-2   汽车二级维护作业项目及技术要求

序号	维护项目	作业内容	技术要求
1	燃油箱及油管、燃油滤清器、燃油泵	检查接头及密封情况，清洁燃油滤清器，并视情况更换，检查燃油泵，必要时更换	接头无破损、渗漏，紧固可靠，燃油滤清器工作正常，燃油泵工作正常，油压符合规定
2	燃油蒸发控制装置	检查清洁，必要时更换	工作正常

续表

序号	维护项目	作业内容	技术要求
3	散热器、膨胀箱、水泵、节温器、传动皮带	检查密封情况、箱盖压力阀、液面高度、水泵检视皮带外观,调整传带松紧度	(1) 散热器软管无变形、破损及漏水现象;箱盖接合表面良好,胶垫不老化,箱盖压力阀开启压力符合要求;水泵不漏水,无异响;节温器工作性能符合规定 (2) 皮带应无裂痕和过量磨损,表面无油污,皮带松紧度符合规定
4	增压器、中冷器	检查、清洁	符合固定
5	各联动机构	清洁、检查、紧固	清洁,联动机构运动灵活,连接牢固,无漏油、漏气现象,工作系统和附加装置工作正常
6	喷油器、喷油泵	检查喷油器和喷油泵的作用,必要时检测喷油压力和喷油状况	(1) 喷油器雾化良好、无滴油、漏油现象,喷油压力符合规定 (2) 供油提前角符合规定
7	气门间隙	检查调整	符合规定
8	电控燃油喷射系统供油管路	检查密封状况	密封良好,作用正常
9	三元催化装置	检查三元催化装置的作用,必要时更换	作用正常
10	前轮制动	拆卸前轮毂总成、支承销;清洁转向节、轴承、支承销,清洁制动底板等零件	清洁,无油污
		检查制动盘,校紧装置螺栓	制动底板不变形,按规定力矩扭紧装置螺栓
		检查制动片及制动泵	(1) 制动片无裂纹及明显变形,摩擦片厚度符合规定 (2) 制动泵无过量磨损,活塞伸缩自如
11	后轮制动	检查制动蹄及支承销	(1) 制动蹄无裂纹及变形,摩擦片不破裂,铆接可靠,摩擦片厚度符合规定 (2) 支承销与制动蹄承孔衬套配合间隙符合规定 (3) 支承销无过量磨损
		检查后轮毂、制动鼓及轴承外座圈,检查拧紧半轴螺栓,检查轮胎螺栓,校紧内螺母	(1) 轮毂无裂损 (2) 轴承外座圈不松动,无损坏 (3) 制动鼓无裂纹,内径、圆度误差、左右内径差符合规定,外边缘不得高出工作表面,制动鼓检视孔完整 (4) 半轴螺栓齐全有效

续表

序号	维护项目	作业内容	技术要求
12	转向器、转向传动机构	(1) 检查转向器传动机构的工作状况和密封性,校紧各部位螺栓 (2) 检查调整方向盘自由转动量	方向盘自由转动量符合规定,转向轻便、灵活,无卡滞和漏油现象,垂臂及转向节臂无弯曲及裂损,各部位螺栓连接可靠
13	前束及转向角	调整	符合规定
14	传动轴	(1) 检查防尘罩 (2) 检查传动轴万向节工作状态	(1) 防尘罩不得有裂纹、损坏,卡箍可靠,支架无松动 (2) 万向节不松旷,无卡滞,无异响
15	驻车制动	检查驻车制动性能,检查驻车制动器自由行程	符合规定,作用正常
16	悬架	检查,紧固,校正	不松动、无裂纹、无断片,按规定扭紧力矩紧固螺栓
17	轮胎(包括备胎)		气压符合规定,清洁,无裂损、老化、变形,气门嘴完好,轮胎螺栓紧固,轮胎的装用符合规定
18	发电机、起动机	清洁,润滑	符合规定
	蓄电池	清洁,补给,检查	清洁,安装牢固,电解液液面符合规定
19	前照灯、仪表、喇叭、刮水器,全车电器线路	检查,调整,必要时修理或更换	(1) 前照灯、喇叭、各仪表及信号装置功能齐全、有效,符合规定 (2) 刮水器电动机运转无异响,连动杆连接可靠 (3) 全车线路整齐,连接可靠,绝缘良好
20	车身车架安全带	检查,紧固	(1) 性能可靠,工作良好 (2) 无变形、断裂、脱焊,连接螺栓紧固
21	内装饰	检查,紧固	设备完好,无松动
22	空调装置	检查空调系统工作状况、密封状况	(1) 制冷系统密封,制冷效果良好 (2) 暖气装置工作正常

四、汽车定期保养项目规范工艺

表 6-2-3 所示为吉普车定期保养标准。

表 6-2-3　吉普车定期保养标准

里程/km	更换机油机滤	更换空滤	机油道清洗养护	清洗节气门	换空调滤芯	机舱线束养护	四轮换位动平衡	四轮定位	清洗喷油嘴	洗进气道	清洗三元催化器	更换火花塞	更换变速箱油	更换前后桥油	更换分动箱油	更换制动液	更换转向助力油	更换传动皮带	电脑全车检测	空调系统	清洗水箱冷凝器	防冻液
5000	●																		每年换季前清洗一次	夏前清洗一次	前检查冰点两年或 4×10^4 km 更换一次	
10000	●	●	▲	▲																		
15000	●				●																	
20000	●	●	▲	▲					▲													
25000	●																					
30000	●	●	▲	▲	●					▲	▲											
35000	●					▲																
40000	●	●	▲	▲					▲			●	●	●	●	●	●					
45000	●				●																	
50000	●	●	▲	▲																		
55000	●					▲																
60000	●	●	▲	▲	●					▲	▲											
80000	●	●	▲	▲									●	●	●	●	●	●				

注：表中符号 ●表示更换；▲表示清洗。

任务 3　非定期维护作业

学习目标

（1）掌握汽车走合期维护的内容。

（2）能按季节进行汽车维护作业。

相关知识

一、汽车走合期的维护

汽车走合期又称磨合期，是指新车或刚完成大修的汽车最初行驶时，通过限速、限载等要求进行运行性走合的时期。这是因为汽车出厂前虽然已进行走合处理，但配合零件表面仍存在偏差，加之新零件间有较多的金属粒脱落，使磨损加剧，因此，在走合期内，汽车不能全负荷运行，需要通过限速或减载等技术手段进行运行性走合。汽车的走合里程一般规定为 1500～2500km。

1. 汽车走合期间的特点

走合期间,汽车具有零件磨损快、易出故障、润滑油易变质、耗油量加大的特点。

(1)行驶故障多:由于各部件装配不当等因素,新车在走合期的行驶故障较多。

(2)耗油量大:为确保新车走合期在小负荷状态下运行,极易造成混合气过浓,从而使耗油量增加。

(3)润滑油易变质:新车在走合期,因部件表面粗糙且两部件之间间隙较小,会使润滑油温度升高,同时,许多金属屑被磨落掉进润滑油中,易使润滑油氧化而变质。

2. 汽车走合期维护内容

汽车走合期维护内容见表 6-3-1。

表 6-3-1　汽车走合期维护内容

序号	里程/km	维护检查内容
1	100	应紧固外露的螺栓、螺母,添加燃油、机油,补充冷却液,检查变速器、前后驱动桥、传动轴、轮毂和轮胎的气压,检查灯光仪表、蓄电池以及制动系统的制动能力;摩擦制动片尚未达到 100％制动效果,轮胎摩擦力也不够,因此,刹车时,要比正常情况多用力
2	100～500	更换发动机机油,更换机油滤芯,并将前、后轮毂螺母进行紧固;轮胎附着力尚未达到最佳效果,车主应尽量避免快速过弯时紧急刹车
3	500～2500	应温和驾驶,时速不超过 100km,转速不超过 2500r/min
4	2500～3500	在水温达到工作温度(水温指针在刻度中间处)时,车主可将车速提高到最高车速或发动机最大转速

3. 新车在走合期行驶时的注意事项

(1)禁止紧急制动。紧急制动不仅使走合中的制动系统受到冲击,还会加大底盘和发动机的冲击负荷,在初次行驶的 300km 内,最好不要紧急制动。

(2)负荷不能过重。新车在走合期如满载运行,会对机件造成损坏,因此,在初次行驶的 1000km 内,不能超过额定载荷的 75％～80％。为减少车身和动力系统负荷,应选较平坦的行车路面行驶,避免振动、冲撞。

(3)不要跑长途。新车在走合期内跑长途,发动机连续工作的时间就会增加,易造成机件的磨损。

(4)不要高速行驶,一般在 90km/h 内,发动机转速应在 2000～3500r/min。在行驶中注意观察发动机转速表和车速表,确保发动机在中速工作。

(5)使用优质汽油:新车在走合期内使用的汽油不能低于厂家规定的标号,应尽量添加优质的汽油。

二、季节性维护

1. 夏季汽车的维护与保养

夏季气温较高,润滑油变稀,润滑性能下降,零部件磨损加剧,行车安全下降;发动机容易过热,使用寿命下降;雨水多导致车辆容易打滑。夏季汽车维护的要点如下。

(1)按车辆使用说明书的要求或视具体情况更换夏季润滑油。

(2)检查水箱、水泵,清除污垢,保证散热性能良好。

(3)清洗燃料供给系统的燃油箱、滤清器等部件。

(4)轮胎防爆,经常注意轮胎的温度和气压,保持规定的气压标准。

2. 冬季汽车的维护与保养

冬季气温低、雨雪多,发动机起动困难,制动效果变差,制动距离变长,安全性能下降。驾驶人员要提前做好车辆的换季保养工作。冬季汽车维护的要点如下。

(1)放出发动机、高压泵调速器、空气压缩机及机油滤清器内的润滑油,换用冬季用油。

(2)更换变速器、主减速器、转向机内齿轮油,并检查齿轮、轴承的磨蚀情况,校正主减速齿轮间隙。

(3)检查车身门窗玻璃,牙条完整,无漏气,开关灵活。

参 考 文 献

[1] 范爱民,张晓蕾.汽车维护与保养.北京:清华大学出版社,2010.
[2] 王青刚.汽车维护、保养与检修.广州:华南理工大学出版社,2015.
[3] 周志红.汽车维护与保养.长春:吉林大学出版社,2016.
[4] 姜龙青.汽车维护与保养.北京:机械工业出版社,2016.
[5] 杨少波,牟海东.汽车维护与保养项目化教程.北京:中国轻工业出版社,2016.
[6] 吉武俊,谭跃刚.汽车维护与保养.北京:人民邮电出版社,2015.